La Cause et l'Effet

Charles F. Haanel

La Cause et l'Effet

Par l'auteur de
La Clé de la Maîtrise

Nouvelle traduction par
Marcelle della Faille

Le Dauphin Blanc

Catalogage avant publication de Bibliothèque et Archives nationales du Québec et Bibliothèque et Archives Canada

Haanel, Charles F. (Charles Francis), né en 1866
   La cause et l'effet
   Traduction de: Cause and effect.
   ISBN 978-2-89436-221-1
   1. New Thought. I. Titre.
BF639.H3214 2009   289.9'8   C2009-941516-X

Nous reconnaissons l'aide financière du gouvernement du Canada par l'entremise du Programme d'aide au développement de l'industrie de l'édition (PADIÉ) pour nos activités d'édition.

Nous remercions la Société de développement des entreprises culturelles du Québec (SODEC) pour son appui à notre programme de publication.

Traduction : Marcelle della Faille
Infographie : Marjorie Patry
Mise en pages : Marjorie Patry
Correction d'épreuves : Amélie Lapierre

Éditeur : Les Éditions Le Dauphin Blanc inc.
        6655, boulevard Pierre-Bertrand, local 133
        Québec (Québec) G2K 1M1 CANADA
        Tél. : 418 845-4045   Téléc. : 418 845-1933
        Courriel : dauphin@mediom.qc.ca
        Site Web : www.dauphinblanc.com

ISBN : 978-2-89436-221-1

Dépôt légal : 2e trimestre 2009
               Bibliothèque nationale du Québec
               Bibliothèque nationale du Canada

© Les Éditions Le Dauphin Blanc inc., 2009
    Tous droits réservés pour tous pays

Imprimé au Canada

Limites de responsabilité

L'auteur et l'éditeur ne revendiquent ni ne garantissent l'exactitude, le caractère applicable et approprié ou l'exhaustivité du contenu de ce programme. Ils déclinent toute responsabilité, expresse ou implicite, quelle qu'elle soit.

À propos de l'auteur

Charles F. Haanel

Charles F. Haanel (1866-1949) fut un éminent homme d'affaires américain qui, ayant établi l'une des plus grandes sociétés à l'époque, écrivit plusieurs livres partageant sa philosophie et ses techniques du succès personnel et commercial.

Considéré par plusieurs comme le père du développement personnel, il est l'auteur du célèbre livre *La Clé de la Maîtrise* (*The Master Key System*), écrit de 1909 à 1912, qui présente un système de philosophie à appliquer aux questions de la vie quotidienne.

La cause et l'effet diffère largement des autres œuvres de Haanel, et plus spécialement de *La Clé de la Maîtrise*. Dans *La cause et l'effet*, Haanel développe les idées et les théories qui sous-tendent la science mentale et vous offre beaucoup d'exemples et de preuves qui soutiennent ses affirmations.

The Master Key System est le livre le plus connu de Haanel, mais cet auteur écrivit bon nombres d'œuvres et d'articles souvent rassemblés sous la forme de livres tels que :

- *Mental Chemistry* (1922)
- *The New Psychology* (1924)
- *A Book About You* (1928)
- *The Amazing Secrets of the Yogi* (1937)

Plusieurs autres documents furent découverts au fil des années et édités sous le nom de *Master Key Arcana*.

Ces livres, connus et mis en pratique par une minorité, sont enfin réédités et traduits et aident à nouveau des milliers de personnes à vivre une vie plus vraie, plus complète et plus prospère.

La Cause et l'Effet

On sait très peu de choses sur Charles F. Haanel, car s'il écrivit beaucoup de livres, rien n'a été écrit à son sujet.

Walter B. Stevens décrivait Haanel comme « un homme au jugement mûr, capable d'analyser calmement la vie et d'évaluer correctement ses occasions favorables, ses possibilités, ses exigences et ses engagements ».

Voici l'article qu'il écrivit en son temps :

« Saint-Louis — Histoire de la quatrième ville »
Par Walter B. Stevens
(S. J. Clarke Publishing Co., Saint-Louis, 1909)

Charles F. Haanel est largement associé aux intérêts commerciaux de la ville, comme affilié de plusieurs entreprises financièrement célèbres.

Président de la Continental Commercial Company, il est également président de la Sacramento Valley Improvement Company et président de la Mexico Gold & Silver Mining Company.

M. Haanel est à tout point de vue un homme qui s'est fait tout seul. Il s'éleva dans le monde commercial pour atteindre sa précieuse et proéminente position actuelle en utilisant ses propres ressources naturelles.

Né à Ann Arbor, au Michigan, le 22 mai 1866, il est le fils de Saint-Hugo et d'Emeline (Fox) Haanel, qui s'installèrent à Saint-Louis dans sa tendre enfance.

Il se lança dans le monde des affaires comme garçon de bureau pour la National Enameling & Stamping Company et travailla pour cette société pendant quinze ans.

Il démissionna finalement et, avec l'ambition de s'élever plus haut dans le monde financier, il conçut l'idée d'organiser une société dans le but de promouvoir une entreprise.

À ce moment-là, les environs de Tehuantepec au Mexique étaient réputés particulièrement adaptés à la croissance du sucre et du café. Il réussit à convaincre plusieurs capitalistes de la faisabilité d'acquérir des terres dans cette partie du pays et d'y exploiter une plantation. Le terrain fut acheté et la société s'organisa et s'engagea

À propos de l'auteur

dans la culture du sucre et du café. Il fut nommé président de cette société.

La plantation fut une réussite dès le début et devint bientôt une société d'une valeur financière considérable.

Ceci fut organisé en 1898. En 1905, M. Haanel organisa la Continental Commercial Company, qui fut consolidée avec sa première société et absorba également six autres compagnies. Elle porte maintenant le nom de Continental Commercial Company et M. Haanel en est le président.

Elle est capitalisée pour deux millions cinq cent mille dollars et est l'une des plus grandes sociétés de son genre au monde.

Toutefois, M. Haanel n'a pas confiné ses efforts dans cette direction. Il a également étendu ses travaux à d'autres entreprises auxquelles il s'est associé de manière éminente.

Ce fut l'un des organisateurs de la Sacramento Valley Improvement Company et son président depuis le début. La société jouit d'une ère de prospérité depuis sa création, et elle possède et contrôle maintenant les plus grandes vignes de Tokay au monde.

De même, M. Haanel est président de la Mexico Gold & Silver Mining Company, une importante société de développement des riches ressources minérales de la république méridionale.

En 1885, M. Haanel épousa Mlle Esther M. Smith. Seize ans plus tard, il se retrouva veuf avec un fils et deux filles. En juillet 1908, il convola avec Mlle Margaret Nicholson de Saint-Louis, une des filles de W. A. Nicholson.

Si M. Haanel est républicain, ses intérêts commerciaux pressants ne lui ont pas laissé le temps de s'intéresser activement à la politique si ce n'est pour émettre son vote et pour utiliser son influence afin d'encourager l'élection des candidats du parti aux principes duquel il croit fermement.

Il est membre de la Keystone Lodge, franc-maçon du trente-deuxième degré et Shriner. Il est également affilié au Missouri Athletic Club.

La Cause et l'Effet

C'est un homme au jugement mûr, capable d'analyser calmement la vie et d'évaluer correctement ses occasions favorables, ses possibilités, ses exigences et ses engagements.

Il recherchait sagement le succès en suivant la ligne de moindre résistance, mais lorsque difficultés et obstacles surgissaient, il déployait une telle force de caractère qu'il arrivait à les surmonter et à poursuivre sur la voie de la prospérité.

Nombre d'hommes vivant une vie active infatigable ne trouvent pas le succès parce qu'il leur manque l'ambition louable qui incite l'individu à se tourner vers d'autres domaines et à saisir ardemment les occasions qui se présentent.

M. Haanel est richement doté de ces qualités et c'est ainsi qu'il a atteint sa position enviable actuelle dans les cercles financiers.

Charles F. Haanel mourut le 27 novembre 1949 et fut enterré au Bellefontaine Cemetery à Saint-Louis.

La Cause et l'Effet

> *L'homme est Esprit, et toujours*
> *Il saisit l'outil de la pensée*
> *Et, modelant ce qu'il veut,*
> *Il produit mille collines.*
> *Il pense en secret et cela advient.*
> *L'environnement n'est que son miroir.*
> *– James Allen*

Cette magnifique œuvre de Charles F. Haanel est un livre nécessaire à quiconque veut comprendre Haanel et ses croyances. Même si le livre fait référence aux événements de l'époque, Haanel y fournit de nombreuses remarques intemporelles qui demeurent valables aujourd'hui.

Le charme suprême de *La Cause et l'Effet* provient du caractère pratique de ses enseignements de même que de la clarté et de la simplicité de son expression. Contrairement à de nombreuses œuvres présentant des vérités psychiques, ce livre n'est pas un écheveau embrouillé de pensées éparpillées, mais bien un système ordonné, logique et raisonné.

La Cause et l'Effet, en offrant une synthèse de la philosophie, de la science, de la métaphysique et de la religion, entre autres, définit la place de l'homme dans l'Univers et révèle ses pouvoirs latents avec un éclat qui éblouit le lecteur. Cette œuvre traite également de la psychologie, de la causalité, de la personnalité, de la science de la vie et de la science de l'esprit. Par ailleurs, vous y découvrirez la vision intéressante de Haanel sur la guerre, le futur de l'homme, l'alcool et le tabac, et bien d'autres points encore.

Vous vous en rendrez vite compte : ce livre est dense. Il contient tellement d'informations et de savoir que vous aurez parfois l'impression d'avoir la tête qui tourne... dans le bon sens du terme!

La Cause et l'Effet

C'est avec grand plaisir que je mets cette œuvre de Charles F. Haanel à votre disposition. Ce livre couvre de nombreux sujets distincts qui vous fascineront et vous révèleront une nouvelle compréhension de la vie.

Savoir et comprendre comment fonctionne le monde est l'une des choses les plus puissantes qu'une personne puisse apprendre. Devenez maître de votre vie en comprenant son fonctionnement, et sachez qu'un peu de sagesse peut vous mener loin, mais que beaucoup de sagesse peut vous mener à bon port.

Bon amusement à vous!

Marcelle della Faille

Table des matières

L'ATTRACTION 17
LA VIBRATION 25
LES FINANCES 41
LA RÉALISATION 53
L'INDUSTRIE 63
L'ÉCONOMIE 73
LA CHIMIE MENTALE 85
LA RELATION DE CAUSE À EFFET 97
LA MÉDECINE 115
LA MÉDECINE MENTALE 123
L'« ORTHOBIOSE » 129
LA BIOCHIMIE 137
LA SUGGESTION 145
LA PSYCHANALYSE 157

LA PSYCHOLOGIE	**169**
LA MÉTAPHYSIQUE	**177**
LA PHILOSOPHIE	**187**
LA RELIGION	**195**
Annexe	207
Bibliographie	209
À propos de la traductrice	213

Préface

« Il peut être bon de rappeler que l'intelligence règne. Que la pensée constructive intelligemment dirigée entraîne automatiquement la matérialisation de son sujet sur le plan objectif. Que la cause et l'effet sont suprêmes dans un Univers gouverné par une loi immuable. Que c'est l'esprit seul qui peut fournir la connaissance avec laquelle améliorer les conditions de la vie. C'est l'esprit qui construit chaque maison, qui écrit chaque livre, qui peint chaque tableau. C'est l'esprit qui souffre et apprécie. Dès lors, une connaissance des fonctions de l'esprit est de la toute première importance pour la race humaine. »

Charles F. Haanel, *La Cause et l'Effet*

Une fois de plus, la traduction de ce livre est le fruit d'une convergence de désirs lancés par Alain Williamson, mon éditeur, et moi-même. Nous désirions poursuivre notre aventure commune de publication d'œuvres d'auteurs de la nouvelle pensée en choisissant une œuvre digne de relever ce défi.

Cette œuvre peu connue de Charles F. Haanel offre à quiconque désire l'approcher les clés de la connaissance globale. C'est une œuvre dense, très complète, qui m'a permis d'approcher des sujets aussi variés que l'esprit conscient, le processus de création, la vibration, la chimie mentale, la médecine mentale, la nouvelle psychologie, etc.

Autant vous dire que mon horizon de connaissances s'est élargi !

La traduction de ce livre est arrivée à point nommé dans ma vie alors que Barbara, ma fille, me posait cette question essentielle : « Maman, qui fut le premier homme ? Et comment est-il arrivé ici? » Car si je connaissais les réponses types des cours de catéchisme de mon enfance et de la théorie de Darwin, étant donné l'évolution de ma pensée au cours de ces vingt dernières années, j'étais désireuse de lui transmettre un nouveau type d'information. Je fus d'autant plus heureuse de pouvoir, grâce à ce livre, lui fournir des explications bien plus en accord avec mon mode de pensée actuel, basé sur le fonctionnement joyeux de la loi d'attraction, sur la profondeur de la nouvelle pensée et sur la brillance de l'intelligence divine.

Cette œuvre me permet chaque jour d'élargir l'horizon de pensée de mes enfants en leur offrant un éclairage inédit et très clair à la fois.

Grâce à Charles F. Haanel et à ce livre, vous comprendrez de mieux en mieux comment fonctionne l'Univers tout entier. De l'atome aux planètes, du cerveau aux organes, de l'esprit conscient à l'esprit subconscient, tout s'éclaircira doucement, joyeusement, légèrement.

Ce livre est une invitation à toucher le maître en nous, c'est-à-dire « celui qui sait, et qui sait qu'il sait. C'est pour cela qu'il est libre et qu'il ne peut être dominé par personne. Une fois maître de nous-mêmes et de la loi, nous pouvons exprimer nos pensées avec la foi, la volonté et l'image mentale adéquate. La grande loi de la création s'empressera alors d'accomplir nos paroles ».

Je vous suggère de lire ce livre lentement, en marquant les pages que vous voulez relire plus tard, en prenant des notes, en relisant plusieurs fois une phrase. La compréhension que vous en gagnerez sera d'autant plus profonde et votre degré de mémorisation sera d'autant plus impressionnant. Après la lecture et la mise en pratique de ces enseignements, je vous conseille de placer ce livre à un endroit très accessible et de l'ouvrir chaque fois que l'occasion ou le besoin se présentera.

Ce livre est un guide, un catalyseur. Il est conçu pour vous aider à prendre la direction que vous choisirez. Mais vous devez comprendre que toute véritable amélioration vient de l'intérieur. C'est pour cela que vos possibilités d'améliorations sont infinies.

Préface

N'oubliez pas d'appliquer ce que vous lisez. Pratiquez les idées proposées ici hardiment et honnêtement. Votre vie se mettra à changer et vous expérimenterez des résultats qui dépasseront toutes vos attentes.

Charles F. Haanel a bien sûr écrit ce livre dans le contexte de son époque et fait référence à la situation sociale et industrielle de celle-ci. Cela dit, les concepts qu'il décrit demeurent entièrement d'actualité.

Je suis ravie de pouvoir partager cette œuvre avec vous. J'espère sincèrement que vous y trouverez ce que vous recherchez et que vous obtiendrez tout ce que vous voulez après l'avoir lu, étudié et mis en pratique!

Que l'abondance vous accompagne!

Marcelle della Faille

L'ATTRACTION

L'attraction est un pouvoir qui balaie l'éternité, un courant vivant d'action relative dans lequel le principe de base est toujours actif. Il embrasse le passé et le fait avancer dans le futur toujours plus vaste. Un mouvement où l'action relative, la cause et l'effet vont main dans la main, où la loi coïncide avec la loi et où toutes les lois sont les servantes à jamais volontaires de cette grande force créatrice.

Ce pouvoir s'étend au-delà des planètes les plus éloignées, au-delà du commencement, au-delà de la fin et jusque dans une éternité sans commencement et sans fin. Il fait prendre forme aux choses que nous voyons. Il apporte le fruit, de la floraison et de l'odeur suave jusqu'au miel. Il mesure la trajectoire des innombrables orbites. Il se cache dans l'éclat du diamant, dans l'améthyste et dans le raisin. Il opère dans le visible et dans l'invisible. Et il imprègne le tout.

C'est la source de la justice parfaite, de l'unité parfaite, de l'harmonie parfaite et de la vérité parfaite, tandis que son activité constante apporte l'équilibre parfait, la croissance parfaite et la compréhension parfaite.

La justice parfaite, parce qu'il offre une rétribution égale.

L'unité parfaite, parce qu'il a une unité de but.

La Cause et l'Effet

L'harmonie parfaite, parce qu'en lui s'unissent toutes les lois.

La vérité parfaite, parce qu'il est la seule grande vérité de toute existence.

L'équilibre parfait, parce qu'il jauge d'une manière sûre.

La croissance parfaite, parce que c'est un développement parfait.

La compréhension parfaite, parce qu'il résout chaque problème de la vie.

La réalité de la loi d'attraction réside dans son activité, car ce n'est qu'à travers l'action et le changement constant que cette loi peut exister. Et ce n'est que par l'inaction qu'elle peut cesser d'être. Mais comme il n'y a pas d'inaction, il ne peut y avoir de cessation.

L'unique but de cette loi est immuable. Dans le silence de l'obscurité, dans la gloire de la lumière, dans l'agitation de l'action et dans la souffrance de la réaction, elle s'avance toujours vers l'accomplissement de son seul grand but – l'harmonie parfaite.

Nous voyons et sentons son désir ardent dans les myriades de formes de plantes qui peuplent monts et vallées alors qu'elles émergent dans l'unique lumière à partir de la même obscurité. Et même si elles sont baignées des mêmes eaux et qu'elles ont respiré le même air, toutes ces variétés conservent leur individualité, c'est-à-dire que la rose est toujours une rose et qu'elle diffère de la violette qui est toujours une violette. Le gland donne naissance au chêne et jamais à un saule ou à toute autre variété d'arbre. Et bien que ces variétés émettent des racines dans le même sol et s'épanouissent dans le même ensoleillement, certaines sont frêles, d'autres sont fortes, certaines sont amères et d'autres sont sucrées. Si certaines sont repoussantes, d'autres sont magnifiques. C'est ainsi que toutes les variétés attirent à elles, à travers leurs propres racines et à partir des mêmes éléments, ce qui les différencie l'une de l'autre. Et cette grand loi de la vie, cet ardent désir constant, cette force cachée dans la

L'attraction

plante qui la fait se manifester, croître et atteindre ce dont elle a besoin, est cette loi d'attraction qui produit dans une majesté silencieuse, qui amène toute réalisation, qui ne dicte rien, mais qui permet cependant à chaque unité de croissance de respecter sa nature individuelle.

Dans le monde minéral, elle est la cohésion du rocher, du sable et de l'argile. Elle est la force du granite, la beauté du marbre, l'éclat du saphir et le sang du rubis.

C'est ainsi que nous la voyons opérer dans ce que nous observons. Mais son pouvoir invisible, tel qu'il opère dans l'esprit de l'homme, est plus grand.

Cette loi d'attraction n'est ni bonne ni mauvaise, ni morale ni immorale. C'est une loi neutre qui opère toujours conjointement aux désirs de la personne. Chacun de nous choisit sa propre ligne de croissance. Il y a autant de lignes de croissance qu'il y a d'individus. Et s'il n'existe pas deux personnes exactement pareilles, beaucoup d'entre nous suivent des lignes similaires.

Ces lignes de croissance sont constituées des désirs passés, présents et futurs qui se manifestent dans le présent en continuelle formation, où elles établissent la ligne centrale de notre être que nous suivons. La nature de ces désirs n'a pas le pouvoir d'empêcher l'action de cette loi, car sa fonction consiste à amener à maturité l'amer tout comme le doux.

Nous trouvons une illustration de la neutralité et de l'action de cette loi si nous greffons un bourgeon de pommier à un pommier sauvage et que nous découvrons finalement que des fruits comestibles et non comestibles se développent ensemble sur le même arbre. C'est-à-dire des fruits sains et malsains, qui sont nourris et portés à maturité par la même sève.

Si nous appliquons cette illustration à nous-mêmes, nous découvrons que les pommes cultivées et les pommes sauvages représentent nos différents désirs, tandis que la sève représente cette loi de la croissance. Et tout comme la sève amène à maturité ces différentes sortes de fruits, cette loi mettra à profit nos différentes sortes de désirs. Et peu importe à la loi qu'ils soient sains ou malsains, car sa place dans la vie consiste à permettre à notre esprit de prendre conscience des résultats qui découlent de tous les désirs que nous entretenons, de même que de leur nature, de leur effet et de leur but.

Dans la catégorie humaine de la loi, nous entrons en contact avec une activité plus importante, une activité totalement inconnue à l'esprit primitif, ce qui nous amène à l'éveil conscient d'un nouveau pouvoir dans un plus grand champ d'action – en d'autres termes, à une plus grande vérité, à une plus grande compréhension et à une plus grande perspicacité.

Nous touchons une plus grande réalité, car nous comprenons que la réalité réside dans l'activité et non en dehors d'elle. Exister, c'est être sensible à l'action des lois sur nous. Le désir ardent caché dans la plante est sa réalité, et non la forme extérieure que nous voyons.

La véritable connaissance nous vient à travers nos propres activités, la connaissance empruntée nous vient à partir des activités des autres. Les deux réunies font évoluer nos intellects. Et lentement, nous formons un soi unique, une unité « individualisante ».

Lorsque nous emménageons dans le pouvoir de nos intellects croissants, dans une conscience toujours en mouvement, nous apprenons à rechercher la raison et le pourquoi des choses, et dans cette recherche, nous pensons et imaginons que nous sommes originaux, alors qu'en fait nous ne sommes que des étudiants de croyances, de notions et de faits établis qui ont été rassemblés au sein de générations entières de vie tribale et nationale.

Nous vivons dans un état de peur et d'incertitude jusqu'à ce que nous atteignions et que nous utilisions l'uniformité constante qui est inhérente à toutes les lois. Telle est la vérité centrale que nous devons connaître et utiliser avant de pouvoir devenir maître de soi, ou maître des conditions. La loi de la croissance mûrit collectivement, car son unique fonction consiste à « agir sur ce sur quoi nous lui offrons d'agir ».

Tout comme la nature de la cause régit l'effet, de même, la pensée précède et prédétermine l'action. Chacun doit utiliser cette loi sciemment et consciemment. Sinon, nous l'utilisons aveuglément. Mais nous nous devons de l'utiliser.

L'attraction

Dans notre croissance de l'homme primitif à l'homme conscient, il existe trois divisions apparentes. Premièrement, notre croissance à travers l'état sauvage ou inconscient. Deuxièmement, notre croissance à travers l'état de croissance intellectuelle et consciente. Et, troisièmement, notre croissance dans l'état conscient et notre reconnaissance consciente de celui-ci.

Nous savons tous que le bulbe doit d'abord faire des racines avant de pouvoir émettre des pousses, et il doit émettre des pousses avant de pouvoir se couvrir de fleurs dans la lumière du soleil. Il en va de même pour nous : tout comme la plante, nous devons d'abord envoyer des racines (nos racines sont nos pensées) avant de pouvoir évoluer de notre état de « bulbe » primitif, ou animal, vers l'état de croissance intellectuelle et consciente.

Ensuite, tout comme la plante, nous devons produire des pousses avant de pouvoir évoluer d'un état purement intellectuel de croissance consciente vers un état conscient de connaissance consciente. Sinon, nous demeurerions toujours uniquement des créatures de la loi et nous ne serions jamais maîtres de la loi.

Enfin, tout comme la plante, nous devons nous individualiser. Nous devons nous couvrir totalement de fleurs. En d'autres termes, nous devons émettre la beauté rayonnante d'une vie parfaite. Nous devons nous être révélés à nous-mêmes et aux autres en tant qu'unités de pouvoir et maîtres de ces lois qui gouvernent et contrôlent notre croissance. Chacune a une force en elle, et cette force, c'est l'action de la loi mise en activité par nous-mêmes. C'est à travers ce sentiment de conscience que nous commençons à maîtriser les lois et à produire des résultats grâce à notre connaissance consciente de leur fonctionnement.

La vie correspond au respect rigide des lois. Nous sommes les chimistes conscients ou inconscients de notre vie, car lorsque nous comprenons vraiment la vie, nous découvrons qu'elle est constituée d'actions chimiques. Lorsque nous inspirons de l'oxygène, une action chimique se produit dans notre sang. Lorsque nous consommons de la nourriture ou de l'eau, une action chimique se produit dans nos organes digestifs. Dans notre utilisation de la pensée, une action chimique a lieu à la fois dans l'esprit et dans le corps. Dans le changement appelé « mort », une action chimique a lieu et la désintégration survient. Nous constatons dès lors que l'existence est action chimique.

La vie est constituée de lois et notre utilisation de ces lois détermine les résultats que nous obtenons.

Si nous pensons à la souffrance, nous obtenons la souffrance. Si nous pensons au succès, nous obtenons le succès. Lorsque nous entretenons des pensées destructrices, nous installons une action chimique qui entrave la digestion, ce qui à son tour irrite d'autres organes du corps et réagit sur l'esprit en provoquant mal-être et maladie. Lorsque nous nous tourmentons, nous faisons bouillonner un cloaque d'actions chimiques qui provoque d'horribles dégâts sur l'esprit et sur le corps. D'autre part, si nous entretenons des pensées constructrices, nous établissons une action chimique saine.

Lorsque nous entretenons des pensées négatives, nous mettons en action une activité chimique toxique de désintégration qui abrutit nos sensibilités, étouffe l'action de nos nerfs, engendre de la négativité dans l'esprit et le corps et le soumet ainsi à de nombreux maux. D'un autre côté, si nous sommes positifs, nous mettons en action une activité chimique saine de nature constructive, qui libère l'esprit et le corps de nombreux maux causés par des pensées discordantes.

Des analyses peuvent être menées sur toutes les possibilités de la vie, mais cette illustration suffit à indiquer que la vie est largement une action chimique, que l'esprit est le laboratoire chimique de la pensée et que nous sommes des chimistes dans l'atelier de l'action mentale où tout est prêt à être utilisé et où le produit obtenu sera proportionnel au matériau utilisé. En d'autres termes, la nature de la pensée que nous utilisons détermine le genre d'états et d'expériences que nous allons affronter. Nous obtenons de la vie ce que nous y apportons – ni plus ni moins.

L'attraction

La vie est un avancement ordonné régi par la loi d'attraction. Notre croissance se produit grâce à trois parties apparentes. Dans la première, nous sommes les créatures de la loi. Dans la deuxième, nous sommes les utilisateurs de la loi. Et, dans la troisième, nous sommes les maîtres de la loi. Dans la première, nous sommes des utilisateurs inconscients du pouvoir de la pensée. Dans la deuxième, nous sommes des utilisateurs conscients du pouvoir de la pensée. Et, dans la troisième, nous sommes des utilisateurs conscients du pouvoir conscient de la pensée. Tant que nous persistons à utiliser uniquement les lois de la première partie, nous y demeurons liés. Tant que nous nous satisferons des lois et de la croissance de la deuxième partie, nous ne deviendrons jamais conscients d'un avancement plus grand. Dans la troisième partie, nous nous éveillons à notre pouvoir conscient sur les lois des premières et deuxièmes parties et nous devenons totalement éveillés aux lois qui régissent la troisième partie.

Lorsqu'elle est correctement comprise, nous découvrons que la vie n'est ni une question de hasard, ni une question de crédo, ni une question de nationalité, ni une question de position sociale, ni une question de richesse, ni une question de pouvoir. NON. Tout ceci a une place à remplir dans la croissance de l'individu, mais nous devons tous finalement arriver à la connaissance que l'harmonie ne résulte que du respect de la loi naturelle.

Cette précision et cette stabilité rigide dans la nature de la loi est notre plus grand atout. Lorsque nous deviendrons conscients de ce pouvoir disponible et que nous l'utiliserons judicieusement, nous aurons trouvé la vérité qui nous rendra libres!

La science a fait de telles découvertes récemment, elle a révélé une telle infinité de ressources, a dévoilé de telles possibilités incroyables et de telles forces insoupçonnées que les scientifiques hésitent de plus en plus à affirmer que certaines théories sont établies et indubitables ou à refuser d'admettre que d'autres théories sont absurdes ou impossibles. Une nouvelle civilisation est ainsi née. Les coutumes, les crédos et la cruauté passent. La vision, la foi et le service prennent leur place. L'humanité voit fondre les chaînes de la tradition qui l'entravaient, et tandis que les scories du militarisme et du matérialisme se consument, la pensée se libère et la vérité s'élève pleinement devant la multitude étonnée.

Nous n'avons saisi qu'un petit aperçu des possibilités de l'autorité du mental, c'est-à-dire de l'autorité de l'esprit. Nous avons juste commencé à réaliser à un moindre degré ce que ce pouvoir nouvellement découvert peut faire pour nous. Qu'il peut apporter le succès dans les affaires de ce monde commence à être compris et mis en pratique par de milliers de personnes.

Le monde entier est à la veille d'une nouvelle conscience, d'un nouveau pouvoir et d'une nouvelle réalisation des ressources au sein du soi. Le siècle dernier a connu le plus magnifique des progrès matériels de l'histoire. Puisse le nouveau siècle produire le plus beau des progrès dans le pouvoir mental et spirituel.

La pensée est plus profonde que tous les discours,
L'émotion est plus profonde que toute pensée,
La communication d'âme à âme ne peut jamais enseigner
Ce qui s'enseigne à soi-même.

LA VIBRATION

Avant que tout environnement, harmonieux ou autre, ne puisse être créé, une certaine forme d'action est nécessaire. Et avant qu'une action ne soit possible, il doit y avoir une certaine forme de pensée, consciente ou inconsciente. Et comme la pensée est un produit de l'esprit, il est évident que l'Esprit est le centre créateur duquel procède toute activité.

Il ne faut guère s'attendre à ce que les lois inhérentes qui gouvernent le monde moderne des affaires tel qu'il est actuellement constitué soient suspendues ou abrogées par une force quelconque agissant sur le même plan, mais il est évident qu'une loi supérieure peut dominer une loi inférieure. La vie de l'arbre fait monter la sève non pas en annulant la loi de la gravité mais en la dominant.

Le naturaliste qui passe une grande partie de son temps à observer les phénomènes visibles crée sans cesse du pouvoir dans la partie de son cerveau réservée à l'observation. Il en résulte qu'il devient bien plus expert et compétent dans la connaissance de ce qu'il voit et dans la saisie d'un nombre infini de détails au premier coup d'œil que ne le fait son ami qui n'observe pas. Il a atteint cette facilité en exerçant son cerveau. Il a choisi délibérément d'étendre ses capacités cérébrales dans la section réservée à l'observation et a exercé délibérément cette faculté particulière encore et encore, avec une attention et une concentration accrues. Nous en constatons maintenant le résultat : un homme érudit dans la connaissance de l'observation, bien au-delà de son compagnon. D'autre part, un homme peut par une inaction calme laisser la délicate substance de son cerveau se durcir et s'ossifier au point que sa vie tout entière en devienne aride et stérile.

Chaque pensée tend à se transformer en matière. Nos désirs sont des graines de pensée qui tendent à germer, à grandir, à fleurir et à porter des fruits. Nous semons ces graines chaque jour. Quelle en sera la récolte? Chacun de nous aujourd'hui est le résultat de ses pensées passées. Plus tard, nous serons le résultat de ce que nous pensons maintenant. Nous créons notre propre caractère, notre propre personnalité et notre propre environnement par la pensée que nous produisons ou que nous entretenons. La pensée recherche ce qui lui correspond. La loi de l'attraction mentale est un parallèle exact à la loi de l'affinité automatique. Les courants mentaux sont aussi réels que les courants chauds, les courants magnétiques ou les courants électriques. Nous attirons les courants avec lesquels nous sommes en harmonie.

Les lignes de moindre résistance sont formées par l'action constante de l'esprit. L'activité de l'esprit réagit sur la faculté cérébrale particulière qui est utilisée. Le pouvoir latent de l'esprit est développé par l'exercice constant. Chaque forme de son activité devient plus parfaite avec la pratique. Les exercices visant le développement de l'esprit présentent une variété d'intentions à prendre en considération. Ils impliquent le développement des facultés de perception, la culture des émotions, la stimulation de l'imagination, le déploiement symétrique de la faculté intuitive qui, sans qu'on en connaisse la raison, pousse au choix ou l'empêche fréquemment. Enfin, le pouvoir de l'esprit peut être cultivé par le développement du caractère moral.

« Le plus grand des hommes, dit Sénèque, est celui qui fait le bon choix avec une détermination invincible. » Ainsi, le plus

La vibration

grand pouvoir de l'esprit repose sur son exercice dans les voies morales et requiert dès lors que chaque effort mental conscient implique un but moral. Une conscience morale développée modifie la considération des motifs et augmente la force et la continuité de l'action. Par conséquent, tout caractère symétrique bien développé nécessite une bonne santé physique, mentale et morale, et cette combinaison crée initiative, pouvoir, force irrésistible et nécessairement succès.

On constatera que la nature recherche continuellement à exprimer l'harmonie en toutes choses, qu'elle essaie sans cesse d'amener un ajustement harmonieux à chaque désaccord, à chaque blessure, à chaque difficulté. Par conséquent, lorsque la pensée est harmonieuse, la nature se met à créer les conditions matérielles nécessaires pour fabriquer un environnement harmonieux.

Lorsque nous comprenons que l'esprit est le grand pouvoir créateur, qu'y a-t-il d'impossible? Avec cette grande énergie créatrice qu'est le désir, pouvons-nous voir pourquoi il est bon de cultiver, de contrôler et de diriger le désir dans notre vie et notre destinée? Les hommes et les femmes dotés d'un mental fort qui dominent ceux qui les entourent, et souvent ceux qui en sont fort éloignés, émanent réellement des courants chargés de pouvoir qui, en entrant en contact avec l'esprit d'autrui, accorde les désirs de ce dernier à l'esprit de l'individualité forte. Les grands maîtres humains possèdent manifestement ce pouvoir. Leur influence est ressentie partout et ils garantissent la conformité à leurs désirs en engendrant chez autrui le « désir » d'agir en accord avec eux. De cette manière, les hommes au désir solide et à l'imagination forte peuvent exercer, et exercent, une influence puissante sur l'esprit d'autrui en menant l'autre selon leur désir.

Personne n'est jamais créé sans posséder le pouvoir inhérent de s'aider soi-même. La personnalité qui comprend son propre pouvoir intellectuel et moral de conquête s'affirmera. C'est de cette vérité dont ce monde affamé a grand besoin aujourd'hui. La possibilité d'affirmer un courage intellectuel paisible et clair

La Cause et l'Effet

dans son discernement et un courage moral qui entreprend de grandes choses est ouverte à tous. Une puissance divine est présente en chaque être humain.

Nous parlons du soleil « levant » et « couchant » alors que nous savons qu'il s'agit juste d'une apparence de mouvement. Selon nos sens, la Terre est apparemment immobile et cependant nous savons qu'elle tourne rapidement. Nous parlons d'une cloche comme d'un « corps sonore ». Pourtant, nous savons que la cloche ne peut que produire des vibrations dans l'air. Lorsque ces vibrations atteignent un taux de seize vibrations par seconde, elles provoquent un son qui est perçu dans l'esprit. L'esprit peut entendre des vibrations atteignant un taux de 38 000 vibrations par seconde. Lorsque leur nombre dépasse ce taux, tout est silence à nouveau. Nous savons dès lors que le son n'est pas dans la cloche. Il est dans notre propre esprit.

Nous parlons du Soleil et nous pensons qu'il s'agit d'un astre qui « procure de la lumière ». Nous savons, cependant, qu'il émet juste une énergie qui produit des vibrations dans l'éther à un taux de quatre cents billions de vibrations par seconde, ce qui provoque ce que l'on appelle des « ondes lumineuses ». Ainsi, nous savons que ce que nous appelons la « lumière » est tout simplement un mode de mouvement et que la seule lumière qui soit est la sensation provoquée dans l'esprit par le mouvement de ces ondes. Lorsque leur nombre augmente, la lumière change de couleur, chaque changement de couleur étant provoqué par des vibrations plus courtes et plus rapides. Dès lors, bien que nous parlions de la rose rouge, de l'herbe verte ou du ciel bleu, nous savons que les couleurs n'existent que dans notre esprit et qu'elles constituent les sensations que nous éprouvons du fait des vibrations des ondes lumineuses. Lorsque ces vibrations descendent en dessous de quatre cents billions par seconde, elles ne nous atteignent plus sous la forme de lumière, et nous éprouvons plutôt une sensation de chaleur.

Donc, nous savons maintenant que les apparences n'existent que dans notre conscience. Même le temps et l'espace se voient annihilés, le temps n'étant que l'expérience de la succession, et le passé et le futur n'existant pas si ce n'est sous la forme d'une relation au présent exécutée par la pensée.

En dernière analyse, nous savons qu'un seul principe gouverne et contrôle toute existence. Chaque atome est à jamais conservé. Tout ce dont nous nous séparons doit inévitablement être reçu quelque part. Il ne peut périr et n'existe que pour être utilisé. Il ne peut aller que là où il est attiré, et par conséquent nécessaire. Nous ne pouvons recevoir que ce que nous donnons, et nous ne pouvons donner qu'à ceux qui peuvent recevoir. Et c'est à nous de déterminer notre vitesse de croissance et le degré d'harmonie que nous exprimerons.

Les lois sous lesquelles nous vivons sont conçues uniquement à notre avantage. Ces lois sont immuables et nous ne pouvons échapper à leur opération. Toutes les grandes forces éternelles agissent dans un silence solennel, mais il est en notre pouvoir de nous placer en harmonie avec elles et d'exprimer ainsi une vie de paix et de bonheur relatifs.

Les difficultés, les disharmonies, les obstacles, indiquent soit que nous refusons de distribuer ce dont nous n'avons plus besoin, soit que nous refusons d'accepter ce qui nous est nécessaire. La croissance s'obtient grâce à l'échange de l'ancien par le nouveau, du bon par le meilleur. C'est une action conditionnelle ou réciproque, car chacun de nous est une entité de pensée complète et cet état complet nous offre la possibilité de recevoir uniquement à la mesure de ce que nous donnons. Nous ne pouvons obtenir ce qui nous manque si nous nous accrochons obstinément à ce que nous avons.

Le principe de l'attraction opère dans le but de nous apporter uniquement ce qui peut nous être avantageux. Nous sommes capables de contrôler consciemment nos conditions lorsque nous parvenons à pressentir le but de ce que nous attirons, et nous sommes capables d'extraire de chaque expérience uniquement ce qu'il nous faut pour notre croissance future. Notre capacité à le faire détermine le degré d'harmonie ou de bonheur que nous atteignons.

La Cause et l'Effet

La capacité de nous approprier ce dont nous avons besoin pour notre croissance augmente continuellement au fur et à mesure que nous atteignons des plans supérieurs et des visions plus larges. Plus notre capacité de savoir ce dont nous avons besoin est importante, plus nous serons certains de discerner sa présence, de l'attirer et de l'absorber. Rien ne peut nous atteindre à part ce qui est nécessaire à notre croissance. Toutes les conditions et toutes les expériences qui nous arrivent le font à notre avantage. Les difficultés et les obstacles continueront à se produire jusqu'à ce que nous absorbions leur sagesse et que nous en recueillions les qualités d'une croissance future. Récolter ce que nous avons semé est mathématiquement exact. Nous gagnons une force permanente exactement proportionnelle à l'effort requis pour surmonter nos difficultés.

Les conditions inexorables de la croissance exigent que nous exercions le plus haut degré d'attraction pour ce qui est parfaitement en accord avec nous. Nous atteindrons au mieux notre plus grand bonheur en comprenant et en coopérant consciemment avec les lois naturelles.

Les forces de notre esprit sont souvent limitées par les suggestions paralysantes qui nous viennent de la pensée grossière de la race et que nous acceptons et suivons sans réfléchir. Des impressions de peur, d'inquiétude, d'incapacité et d'infériorité nous sont fournies quotidiennement. Ces raisons suffisent à expliquer que l'homme réalise si peu pourquoi la vie des multitudes est si stérile en résultats, alors que des possibilités existent tout le temps en lui, qui nécessitent uniquement le contact libérateur de l'appréciation et de l'ambition saine pour se développer dans la vraie grandeur.

Les femmes, peut-être même plus que les hommes, furent soumises à ces conditions. En effet, leur sensibilité plus fine les rend plus ouvertes aux vibrations de la pensée provenant d'autres esprits, et le torrent des pensées négatives et répressives fut plus particulièrement dirigé vers elles.

La vibration

Mais cette condition est en voie d'être maîtrisée. Florence Nightingale[1] l'a surmontée lorsqu'elle a grimpé en pleine guerre de Crimée au sommet d'une tendre sympathie et de capacités de direction auparavant inconnues parmi les femmes. Madame Harlowe Barton[2], directrice de la Croix-Rouge, l'a surmontée lorsqu'elle a réalisé une œuvre similaire dans les armées de l'Union. Johanna Maria Lind[3] l'a surmontée lorsqu'elle a montré sa capacité à exiger d'énormes récompenses financières tout en gratifiant le désir passionné de sa nature et en atteignant le premier plan dans l'art musical de son époque. Et il existe une longue liste de femmes chanteuses, philanthropes, écrivaines et actrices qui se sont montrées capables d'atteindre le plus grand accomplissement littéraire, dramatique, artistique et sociologique.

Les femmes, tout comme les hommes, commencent à penser par elles-mêmes. Elles se sont éveillées à une certaine conception de leurs possibilités. Elles revendiquent que, si la vie détient des secrets, ceux-ci leur soient révélés. Jamais, auparavant, l'influence et la puissance de la pensée n'ont reçu autant d'examens consciencieux et judicieux. Si quelques visionnaires ont compris que l'esprit est la substance universelle, la base de toutes choses, jamais auparavant cette vérité vitale n'avait pénétré la conscience plus générale. De nombreux esprits s'efforcent maintenant de donner à cette vérité merveilleuse une expression manifeste. La science moderne nous a enseigné que la lumière et le son ne sont que différentes intensités de mouvement et cela a mené à la découverte de forces en l'homme qui n'auraient pas pu être comprises avant cette révélation.

---

1. **Florence Nightingale** (1820-1910), surnommée « la Dame à la lampe », était une pionnière des soins infirmiers modernes et une statisticienne notable. Elle reçut l'Ordre du Mérite et la Royal Red Cross.
2. **Clarissa Harlowe Barton** (1821-1912) fut une pionnière. Professeure, infirmière et humanitaire américaine, elle était connue pour son « esprit fort et indépendant » et a marqué son époque par sa puissante organisation de la Croix-Rouge américaine.
3. **Johanna Maria Lind** (1820-1887), mieux connue sous le nom de Jenny Lind, était une chanteuse d'opéra suédoise souvent appelée « le Rossignol suédois ». Elle est connue pour ses performances dans des rôles de sopranos en Suède et en Europe, mais aussi pour sa tournée extraordinairement populaire aux États-Unis, qui a débuté en 1850, et pour son œuvre philanthropique.

La Cause et l'Effet

Un nouveau siècle est apparu et, aujourd'hui, debout dans sa lumière, l'homme perçoit une part de l'immensité de la signification de la vie – une part de sa grandeur. Au sein de cette vie réside le germe de forces infinies. L'homme est convaincu que ses possibilités de réalisation ne peuvent être mesurées, que les lignes frontières de sa marche en avant sont inconcevables. Debout sur cette hauteur, il découvre qu'il peut attirer un nouveau pouvoir à partir de l'énergie infinie dont il fait partie.

Certains hommes semblent attirer le succès, le pouvoir, la richesse et l'accomplissement en faisant très peu d'efforts conscients. D'autres les conquièrent avec une grande difficulté. Et d'autres encore échouent à atteindre leurs ambitions, leurs désirs et leurs idéaux. Pourquoi en est-il ainsi? Pourquoi certains hommes réalisent-ils leurs ambitions facilement, d'autres avec difficulté et d'autres, pas du tout? La cause ne peut être physique, sinon les hommes les plus parfaits physiquement seraient les plus prospères. La différence doit donc être mentale – elle doit résider dans l'esprit. Il en résulte que l'esprit doit constituer la force créatrice. Il doit constituer la seule différence entre les hommes. C'est donc l'esprit qui prévaut sur l'environnement et sur tous les autres obstacles présents sur le chemin.

Lorsque le pouvoir créateur de la pensée sera entièrement compris, ses effets sembleront merveilleux. Mais de tels résultats ne peuvent être obtenus sans application, diligence et concentration appropriées. Les lois régissant le monde mental et spirituel sont tout aussi fixes et infaillibles que celles du monde matériel. Pour obtenir les résultats désirés, il est nécessaire de connaître la loi et de s'y conformer. Une conformité adéquate à la loi produira le résultat désiré avec une exactitude invariable.

Les scientifiques nous disent que nous vivons dans l'éther universel. Celui-ci n'a pas de forme en soi, mais il est flexible et prend forme près de nous, en nous et autour de nous selon nos pensées et nos paroles. Nous le mettons en activité par ce que nous pensons. Et, ce qui se manifeste à nous objectivement est ce que nous avons pensé ou dit.

La vibration

La pensée est régie par la loi. Si nous n'avons pas manifesté plus de foi, c'est à cause d'un manque de compréhension. Nous n'avons pas compris que tout fonctionne en accord exact avec la loi définie. La loi de la pensée est aussi définie que la loi des mathématiques, la loi de l'électricité ou la loi de la gravitation. Lorsque nous comprendrons que le bonheur, la santé, le succès, la prospérité et toute autre condition ou tout autre environnement sont des résultats et que ces résultats sont créés par la pensée, consciente ou inconsciente, nous réaliserons l'importance d'une connaissance active des lois qui gouvernent la pensée.

Ceux qui réalisent consciemment le pouvoir de la pensée possèdent le meilleur de ce que la vie peut offrir. Des éléments substantiels d'un ordre supérieur deviennent leurs et ces réalités sublimes sont ainsi constituées qu'elles peuvent devenir des parties tangibles de leur vie personnelle au quotidien. Ces personnes réalisent un monde de pouvoir supérieur et maintiennent l'activité constante de ce pouvoir. Ce pouvoir est inexhaustible, sans limites, et elles se retrouvent dès lors emmenées de victoire en victoire. Les obstacles qui semblent insurmontables sont dépassés. Les ennemis se changent en amis, les conditions sont dépassées, les éléments transformés, le destin conquis.

L'offre est inépuisable et la demande peut être formulée selon nos désirs. Telle est la loi mentale de l'offre et de la demande.

Nos circonstances et notre environnement sont formés par nos pensées. Nous avons peut-être créé ces conditions inconsciemment. Si elles sont insatisfaisantes, le remède consiste à modifier consciemment notre attitude mentale et à voir nos circonstances s'ajuster à la nouvelle condition mentale. Il n'y a rien d'étrange ou de surnaturel à ce propos. C'est simplement la loi de l'être. Les pensées qui prennent racine dans l'esprit produiront certainement des fruits de leur espèce. Le plus grand des comploteurs ne peut « cueillir des raisins sur des épines, ou des figues sur des chardons ». Pour améliorer nos conditions, nous devons d'abord nous améliorer. Nos pensées et nos désirs seront les premiers à faire preuve d'amélioration.

La Cause et l'Effet

Être ignorant des lois de la vibration, c'est être comme un enfant qui joue avec le feu ou un homme qui manipule de puissants produits chimiques sans en connaître la nature et les rapports. C'est une vérité universelle, parce que l'esprit est la seule grande cause qui produit toutes conditions dans la vie des hommes et des femmes.

Bien sûr, l'esprit crée des conditions négatives tout aussi aisément que des conditions favorables, et lorsque nous visualisons consciemment ou inconsciemment tout type de manque, de limitation et de discorde, nous créons ces conditions. C'est ce que bon nombre de personnes font inconsciemment tout le temps.

Nous sommes tous égaux devant cette loi, tout autant que devant toute autre loi. Elle est en opération constante et apporte implacablement à chaque personne exactement ce qu'elle a créé. En d'autres termes, « ce qu'un homme aura semé, il le moissonnera aussi ».

Arthur Brisbane[4] disait : « La pensée et son œuvre incluent tous les accomplissements de l'homme. »

Comparez l'esprit et la pensée au génie du musicien et au son émis par l'instrument de musique.

Le cerveau de l'homme est à l'esprit qui inspire la pensée ce que l'instrument est au musicien.

Tout grand que soit le musicien, son génie dépend de son expression sur l'instrument qui lui donne réalité dans le monde physique grâce aux ondes sonores produites dans l'atmosphère matérielle qui touchent des nerfs apportant la musique au cerveau.

Donnez à Ignacy Jan Paderewski[5] un piano désaccordé et il ne peut vous offrir que dissonance et manque d'harmonie. Ou

---

4. **Arthur Brisbane** (1864-1936) était un éditeur américain de journaux. En 1882, il commença à travailler comme reporter du journal *Sun* à New York. Devenu le premier journaliste syndiqué, il publiait des éditoriaux notoires.
5. **Ignacy Jan Paderewski** (1860-1941), parfois dénommé Ignace Paderewski, fut un pianiste, un compositeur, un homme politique et un diplomate polonais.

La vibration

donnez un violon désaccordé à Paganini, le plus grand violoniste qui n'ait jamais vécu, et malgré le génie du musicien, vous n'entendrez que des sons affreux et désagréables. L'esprit de la musique doit disposer des bons instruments pour s'exprimer.

L'esprit qui inspire la pensée, l'esprit de l'homme, doit disposer du bon cerveau pour s'exprimer.

Plus l'instrument est complexe et hautement développé, plus le résultat émis lorsque l'instrument est désaccordé est déplaisant à l'oreille.

Chez les êtres humains, un cerveau hautement développé mais désaccordé est indéfiniment plus douloureux et atroce que celui d'un être humain idiot et simple d'esprit.

Nos esprits sont si peu habitués à gérer l'abstrait, nous vivons tellement dans le monde matériel, les objets inanimés ont tellement de signification pour nous, que de nombreux êtres humains vivent et meurent sans jamais penser à l'esprit. Or, l'esprit est la seule chose véritable dans l'Univers.

Et la pensée est l'expression de l'esprit qui opère à travers un cerveau humain plus ou moins imparfait.

Pensez consciencieusement à la nature et au pouvoir mystérieux de l'esprit. Il n'y a pas de pensée plus inspirante, plus fascinante, plus déconcertante.

Considérez les chutes du Niagara avec leur immense et fantastique pouvoir : les grands parcs de machines mobiles, les villes illuminées, les rues flamboyantes, les voitures en mouvement – tout cela étant apparemment attribuable au pouvoir du Niagara. Et cependant, ce n'est pas autant grâce à ce pouvoir qu'à l'esprit exprimé dans la pensée de l'homme. C'est l'esprit qui a exploité le Niagara. C'est l'esprit qui a transféré le pouvoir des chutes aux villes éloignées.

Cependant, cet esprit n'a ni forme ni poids, ni taille ni couleur, ni goût ni odeur. Si vous demandez à un homme ce qu'est l'esprit, il doit vous répondre que ce n'est rien puisqu'il n'occupe aucun espace et ne peut être ni vu ni senti. Et cependant, il doit également vous répondre que l'esprit est tout. Le monde n'existe en tant que tel que parce que nous le voyons dans les yeux de l'esprit. Le nerf optique saisit une image, l'envoie au cerveau et l'esprit voit l'image.

C'est l'esprit agissant sur le cerveau de Christophe Colomb, et à travers lui sur d'autres, qui a amené le premier navire en Amérique.

C'est l'esprit opérant et s'exprimant à travers la pensée des cerveaux de plus en plus développés qui a graduellement amené l'homme de son ancienne condition de barbare à son degré relatif de civilisation. Et ce même esprit, œuvrant dans les siècles futurs à travers des cerveaux infiniment supérieurs à ceux que nous pouvons concevoir maintenant, établira l'harmonie réelle sur cette planète.

Et cependant, vous savez que l'esprit existe et qu'il est vous-même, et que si ce n'était cet esprit qui vous anime, qui vous remet sur pied lorsque vous tombez, qui vous inspire dans la réussite et qui vous réconforte dans l'échec et l'infortune, il n'y aurait rien du tout dans cette vie et vous ne seriez pas différent d'une des pierres du champ ou d'un des mannequins que le tailleur place dans la vitrine de son magasin.

Comparez l'esprit et le monde matériel que vous voyez au génie qui demeure dans le cerveau du grand peintre et aux œuvres que le peintre réalise.

Chaque statue, chaque peinture et chaque église que Michel Ange a créée existait déjà dans son esprit. Mais l'esprit ne pouvait se contenter de cette existence. Il devait se visualiser. Il devait se voir créé.

L'esprit ne vit vraiment complètement que lorsqu'il se voit reflété dans le monde matériel. Tout l'amour de la mère se trouve dans l'esprit de la femme. Mais il n'existe complètement que lorsque la maman tient l'enfant dans ses bras et voit en réalité, en chair et en os, l'être qu'elle aime et qu'elle a créé.

Tous les accomplissements des plus grands hommes sont enfermés en eux dès le premier jour, mais l'esprit de ces hommes ne peut atteindre sa réalisation complète que lorsqu'il

La vibration

crée l'œuvre en agissant par le cerveau et en s'exprimant par la pensée.

Nous savons que toute œuvre utile résulte d'une pensée saine. Si nous réalisons que la pensée elle-même est l'expression de l'esprit, nous sommes poussés par le sentiment de devoir donner à cet esprit la meilleure expression possible, la meilleure possibilité possible, en demeurant dans des corps imparfaits et en parlant à travers des esprits imparfaits tels ceux que nous possédons.

Il est inspirant de se rendre compte qu'en se développant progressivement, les hommes ici, sur terre, deviennent moins animaux et plus spirituels au fur et à mesure que les siècles passent, et qu'ils sont destinés à développer dans leur propre corps physique des instruments capables d'interpréter correctement l'esprit qui les anime.

Les êtres humains s'améliorent de génération en génération – pour ce que nous en savons. Cette amélioration est attribuable à l'affection qu'éprouvent les pères et les mères l'un pour l'autre et pour leurs enfants.

Cette race qui est la nôtre, il y a de ça cent mille ans, était constituée de créatures ressemblant à des animaux dotées d'énormes mâchoires saillantes, d'énormes dents, de petits fronts et de corps aux formes affreuses. Graduellement, au fil des siècles, nous avons changé. La bête a graduellement disparu, le visage prognathe de l'homme s'est épaissi. La mâchoire est rentrée, le front est ressorti et derrière le front, progressivement, par la dévotion et l'œuvre patiente de la femme, nous développons un cerveau qui offrira en finale une expression décente et adéquate de l'esprit.

L'esprit et la pensée sont identiques, tout comme le génie du musicien et le son que vous entendez lorsqu'il joue sa musique sont identiques. En musique, le son représente et interprète l'esprit du musicien. Et l'interprétation et la précision de cette interprétation dépendent de l'orchestre, du violon ou du piano. Lorsque les instruments sont désaccordés, ce n'est pas le génie du musicien que vous entendez, mais une interprétation erronée.

La Cause et l'Effet

Nos cerveaux humains, la plupart d'entre eux désaccordés et incapables d'exprimer autre chose que le reflet le plus simple et le plus pâle de la véritable vie spirituelle, produisent encore très peu d'harmonie.

À travers le cerveau parachevé de l'homme, l'esprit cosmique, dans lequel chacun de nous est un atome conscient, parlera clairement et cette terre, notre petit coin dans l'Univers, sera véritablement harmonieuse, car elle sera régie par l'esprit distinctement exprimé et instantanément obéi.

Cet esprit cosmique peut opérer à travers le cerveau d'un autre, et il le fait fréquemment. De nombreux hommes semblent réaliser une œuvre magnifique alors qu'en réalité c'est un autre homme – un autre esprit non visible mais véritablement à l'œuvre – qui effectue le gros du travail.

Vous pouvez voir le vendeur, le rédacteur en chef, le chef de rayon, l'ingénieur, l'architecte – tout type d'homme engagé dans un travail quelconque – réaliser apparemment quelque chose de merveilleux.

Et cependant, il ne fait pas tout. Un pouvoir invisible – un autre homme, un autre cerveau, un petit homme peut-être avec un petit corps et une grande tête, qui reste dans l'ombre – fait le travail.

Chacun de nous sans exception est tiré ou poussé en avant par une force invisible. Il peut s'agir de l'homme au bureau, qui est généralement invisible. Il peut s'agir de la femme au foyer qui donne le bon exemple et qui offre à l'homme au travail l'inspiration et le pouvoir que personne d'autre ne pourrait voir. Il peut s'agir de l'affection paternelle, qui permet à un homme de faire pour son enfant ce qu'il ne pouvait pas faire pour lui-même.

Très souvent, ce pouvoir a disparu depuis longtemps de la terre : un père ou une mère dont l'énergie et l'inspiration persistent et qui accomplit dans la vie du fils au travail ce que celui-ci n'aurait jamais pu accomplir de son propre chef.

La vibration

La cause et l'effet sont aussi absolus et infaillibles dans le royaume caché de la pensée que dans le monde visible des objets. L'esprit est le maître tisserand des vêtements intérieurs du caractère et des vêtements extérieurs des circonstances.

– James Allen

LES FINANCES

'abondance est une loi naturelle de l'Univers. La preuve de l'existence de cette loi est concluante. Nous la voyons de tous côtés. Partout, la nature est somptueuse, généreuse et prodigue. Il n'y a aucune économie dans les choses créées. La profusion est manifeste en tout. Les millions d'arbres et de fleurs, de plantes et d'animaux, et le vaste plan de reproduction qui est le théâtre de la poursuite continuelle du processus de création et de recréation, tout indique la prodigalité avec laquelle la nature a subvenu aux besoins de l'homme. Qu'il y ait une abondance de choses pour chacun est évident, mais que beaucoup échouent à participer à cette abondance est également évident. Ils n'ont pas encore réalisé l'universalité de toute substance ni que l'esprit est le principe actif qui nous relie à ce que nous désirons.

Pour contrôler les circonstances, il est nécessaire de connaître certains principes scientifiques relatifs à l'action de l'esprit. Cette connaissance est un actif très précieux. Elle peut être obtenue graduellement et peut être mise en pratique aussi vite qu'elle a été apprise. Le pouvoir sur les circonstances est l'un de ses fruits. Santé, harmonie et prospérité constituent l'actif qui figure sur son bilan. Il vous en coûte seulement de moissonner ses importantes ressources.

La Cause et l'Effet

Toute richesse résulte du pouvoir. Les possessions ont uniquement de la valeur parce qu'elles confèrent du pouvoir. Les événements sont significatifs parce qu'ils affectent le pouvoir. Tout représente certaines formes et certains degrés de pouvoir.

La découverte d'une loi qui met ce pouvoir à la disposition de toutes les entreprises humaines a marqué une époque importante dans le progrès humain. C'est la ligne de division entre la superstition et l'intelligence. Elle a éliminé l'élément de caprice de la vie des hommes et l'a remplacé par la loi universelle absolue et immuable.

La connaissance de la cause et de l'effet, comme l'indiquent les lois régissant l'électricité, les liaisons chimiques et la gravitation, permet à l'homme de dresser courageusement des plans et de les exécuter hardiment. Ces lois s'appellent les « lois naturelles » parce qu'elles régissent le monde physique, mais tout pouvoir n'est pas nécessairement physique. Il existe également un pouvoir mental, de même qu'un pouvoir moral et un pouvoir spirituel.

La pensée est la force ou l'énergie vitale qui s'est tellement développée et qui a produit de tels résultats saisissants au cours de la dernière moitié du siècle qu'elle a engendré un monde absolument inconcevable à l'homme vivant il y a seulement cinquante ou vingt-cinq ans. Si ces résultats ont été établis grâce à l'organisation de ces centrales mentales pendant cinquante ans, que ne peut-on espérer pour les cinquante années à venir?

Certains diront : « Si ces principes sont vrais, pourquoi ne les démontrons-nous pas? Puisque ce principe fondamental est de toute évidence correct, pourquoi n'obtenons-nous pas les résultats appropriés? ». Nous en obtenons. Nous obtenons des résultats exactement conformes à notre compréhension de la loi et à notre capacité de l'appliquer de manière appropriée. Nous n'avons obtenu aucun résultat des lois régissant l'électricité jusqu'à ce que quelqu'un en formule la loi et nous montre comment l'appliquer. L'action mentale inaugure une série de vibrations dans l'éther qui est la substance dont procèdent toutes choses, vibrations qui à leur tour induisent une vibration correspondante plus importante dans la substance moléculaire jusqu'à ce que finalement l'action mécanique se produise.

Ceci nous place dans une toute nouvelle relation avec notre environnement, qui ouvre des possibilités insoupçonnées grâce à la séquence ordonnée d'une loi naturellement incluse dans notre nouvelle attitude mentale.

Il est clair, dès lors, que les pensées d'abondance répondront uniquement à des pensées semblables. La richesse de l'individu se révèle être ce qu'il est en soi. L'abondance intérieure est le secret de l'attraction de l'abondance extérieure. La capacité de production s'avère être la source de richesse de l'individu. C'est pour cette raison que celui qui met son cœur à l'ouvrage est certain d'atteindre le succès illimité. Il donnera et donnera continuellement. Et plus il donnera, plus il recevra.

La pensée est l'énergie qui met en application la loi de l'attraction et qui se manifeste finalement par l'abondance dans la vie des hommes.

La source de tout pouvoir, comme de toute faiblesse, vient de l'intérieur. Le secret de tout succès et de tout échec vient également de l'intérieur. Toute croissance est un déploiement venant de l'intérieur. Cela se voit dans la nature tout entière. Chaque plante, chaque animal, chaque humain est un témoignage vivant de cette grande loi, et l'erreur de tous les temps consiste à rechercher la force ou le pouvoir à l'extérieur.

La compréhension approfondie de cette grande loi qui imprègne l'Univers mène à l'acquisition d'un état d'esprit développant et déployant une pensée créatrice qui produira des changements magiques dans la vie. Des occasions en or seront répandues en travers de votre chemin et le pouvoir et la perception de leur utilisation correcte jailliront en vous. Des amis viendront à vous sans que vous ne leur ayez rien demandé. Les circonstances s'ajusteront d'elles-mêmes aux conditions modifiées. Vous aurez trouvé « la perle ».

La sagesse, la force, le courage et toutes les conditions harmonieuses résultent du pouvoir et nous avons vu que tout pouvoir vient de l'intérieur. De même, tout manque, toute limitation

La Cause et l'Effet

ou toute circonstance défavorable résulte de la faiblesse, et la faiblesse est simplement absence de pouvoir. Elle vient de nulle part. Elle n'est rien. Le remède consiste à développer tout simplement votre pouvoir.

Telle est la clé grâce à laquelle plusieurs convertissent la perte en gain, la peur en courage, le désespoir en joie, l'espoir en réalisation.

Cela peut vous sembler trop beau pour être vrai, mais rappelez-vous qu'en quelques années, à la simple pression d'un bouton ou par un simple tour de levier, la science a placé des ressources presque infinies à la disposition de l'homme. D'autres lois ne pourraient-elles exister et offrir d'autres possibilités considérables?

Voyons quelles sont les forces les plus puissantes de la nature. Dans le monde minéral, tout est solide et fixe. Les règnes animal et végétal sont dans un état de flux, toujours changeant, toujours créé et recréé. Dans l'atmosphère, nous trouvons la chaleur, la lumière et l'énergie. Chaque règne se fait plus fin et plus spirituel lorsque nous passons du visible à l'invisible, du brut au raffiné, de la faible potentialité à la haute potentialité. Et lorsque nous atteignons l'invisible, nous découvrons l'énergie dans son état le plus pur et le plus volatile.

Tout comme les forces les plus puissantes de la nature sont des forces invisibles, nous constatons de même que les forces les plus puissantes en l'homme sont ses forces invisibles, sa force spirituelle. Le seul mode de manifestation possible de la force spirituelle, c'est le processus de la pensée. L'acte de penser est la seule activité que l'esprit possède, et la pensée est le seul produit de l'acte de penser.

L'addition et la soustraction sont par conséquent des transactions spirituelles. Le raisonnement est un processus spirituel. Les idées sont des conceptions spirituelles. Les questions sont des projecteurs spirituels. Et la logique, l'argument et la philosophie constituent la machinerie spirituelle.

Chaque pensée met en action un certain tissu physique, une partie du cerveau, un nerf ou un muscle spécifique. Un changement physique réel se produit dans la construction du tissu. Par conséquent, il suffit que l'homme entretienne quelques pensées sur un sujet donné pour qu'il produise un changement complet dans son organisation physique.

C'est ce processus qui transforme l'échec en succès. Des pensées de courage, de pouvoir, d'inspiration et d'harmonie sont substituées aux pensées d'échec, de désespoir, de manque, de limitation et de désaccord. Et à mesure que ces pensées prennent racine, le tissu physique se transforme et l'individu voit la vie sous un nouveau jour. L'ancien a réellement disparu. Tout est neuf maintenant. L'individu renaît, cette fois de l'esprit. La vie a une nouvelle signification pour lui. Il est reconstruit et empli de joie, de confiance, d'espoir, d'énergie. Il voit des occasions de succès qu'il ne voyait pas jusque-là. Il identifie des possibilités qui auparavant n'avaient aucune signification pour lui. Les pensées de succès dont il s'est imprégné rayonnent vers ceux qui l'entourent et elles l'aident à leur tour à avancer et à s'élever. Il attire à lui de nouveaux associés qui se révèlent prospères, et ceci modifie à son tour son environnement. De sorte que, par ce simple exercice de pensée, un homme ne se change pas seulement lui-même, mais il modifie également son environnement, les circonstances et sa condition.

Vous verrez – vous devez voir – que nous sommes à l'aube d'un nouveau jour, que les possibilités sont si merveilleuses, si fascinantes et si illimitées que c'en est presque ahurissant. Il y a un siècle, n'importe quel homme doté d'un avion ou même d'une mitrailleuse Gatling aurait pu annihiler une armée entière équipée des instruments de guerre de l'époque. Il en va de même aujourd'hui. Tout homme qui connaît les possibilités de la métaphysique moderne possède un avantage inconcevable sur la multitude.

L'esprit est créateur et opère à travers la loi d'attraction. Nous ne devons pas tenter d'influencer autrui à faire ce que nous pensons qu'il devrait faire. Chaque personne a le droit de faire des choix pour elle-même, et à part cela, nous fonctionnerions selon les lois de la force qui est destructrice par nature et à l'opposé de la loi d'attraction. Une petite réflexion vous convaincra que toutes les grandes lois de la nature opèrent en silence et que le principe sous-jacent est la loi d'attraction. Ce ne sont que les processus destructeurs, comme les tremblements de terre et les catastrophes, qui utilisent la force. Rien de bon n'est jamais accompli de cette manière.

Pour réussir, l'attention doit invariablement être dirigée sur le plan créateur. Elle ne doit jamais être compétitive. Vous ne désirez pas ravir quelque chose à quiconque. Vous voulez créer quelque chose pour vous-même. Et ce que vous voulez pour vous, vous ne demandez pas mieux que les autres le possèdent également.

Vous savez qu'il n'est pas nécessaire de prendre quelque chose à quelqu'un pour le donner à quelqu'un d'autre, et que la réserve collective est abondante. L'entrepôt des richesses de la nature est inépuisable et s'il semble y avoir un manque d'approvisionnement quelque part, c'est uniquement parce que les canaux de distribution sont encore imparfaits.

L'abondance dépend de la reconnaissance des lois de l'abondance. L'esprit n'est pas seulement le créateur, mais également le seul créateur de tout ce qui est. Il est certain que nous ne pouvons rien créer tant que nous ne savons pas que c'est possible et que nous ne fournissons pas l'effort approprié. Il n'y a pas plus d'électricité dans le monde aujourd'hui qu'il y en avait il y a cinquante ans, mais tant que personne n'en avait identifié la loi qui permettait son utilisation, nous n'en retirions aucun avantage. Maintenant que cette loi est comprise, c'est pratiquement le monde entier qui en est éclairé. Il en va de même avec la loi de l'abondance. Seuls ceux qui reconnaissent la loi et s'harmonisent avec elle en partagent les avantages.

La reconnaissance de la loi de l'abondance développe certaines qualités mentales et morales qui sont le courage, la loyauté, le tact, la sagacité, l'individualité et le constructivisme. Ce sont-là tous des modes de pensée, et comme toute pensée est créative, ils se manifestent dans des conditions objectivement correspondantes à la condition mentale. C'est nécessairement vrai parce que la capacité de la personne à penser correspond à sa capacité à agir sur l'Esprit universel et à le manifester. C'est le processus par lequel l'individuel devient un canal pour la différenciation de l'universel. Chaque pensée est une cause et chaque condition est un effet.

Ce principe dote l'individu de possibilités apparemment transcendantales, dont la maîtrise des conditions à travers la création et la reconnaissance des possibilités. Cette création d'occasions implique l'existence ou la création des qualités ou des talents nécessaires qui sont des forces pensées et qui se traduisent par une conscience du pouvoir que les événements futurs ne pourront perturber. C'est cette organisation de la victoire ou du succès dans l'esprit, cette conscience du pouvoir à l'intérieur, qui constitue la réaction harmonieuse correcte qui nous relie aux objets et aux buts que nous recherchons. C'est la loi d'attraction en action. Cette loi étant la propriété commune de tous, elle peut être exercée par quiconque possède une connaissance suffisante de son fonctionnement.

Le courage est le pouvoir de l'esprit qui se manifeste dans l'amour du conflit mental. C'est un sentiment noble et élevé. Il convient tout aussi bien pour commander ou obéir. Les deux nécessitent du courage. Il a souvent tendance à se dissimuler. Il est des hommes et des femmes, de manière égale, qui semblent exister uniquement pour faire ce qui plaît aux autres, mais lorsque le temps est venu et que la volonté latente se révèle, nous découvrons une main de fer sous un gant de velours, sans s'y tromper. Le vrai courage est imperturbable, calme et recueilli et il n'est jamais téméraire, querelleur ou désagréable.

L'accumulation, c'est le pouvoir de réserver et de préserver une partie de l'approvisionnement que nous recevons continuellement de manière à être en position de prendre avantage des possibilités plus importantes qui arriveront dès que nous serons prêts pour elles. N'a-t-il pas été dit qu'« on donnera à celui qui a » ? Tous les hommes d'affaires prospères ont cette qualité bien développée. James Jerome Hill[6], récemment décédé

---

6. **James Jerome Hill** (1838-1916) était un remarquable directeur de chemin de fer canadien-américain. Il fut cadre supérieur dans une série de lignes dirigées par le Great Northern Railway. En raison de la taille de cette région et de la domination économique exercée par les lignes de Hill, ce dernier fut célèbre toute sa vie durant comme constructeur d'empire.

La Cause et l'Effet

en laissant une fortune de plus de cinquante-deux millions de dollars disait : « Si vous voulez savoir si vous êtes destiné à réussir ou à échouer dans la vie, vous pouvez aisément le découvrir. Le test est simple et infaillible. Êtes-vous capable d'épargner de l'argent ? Si vous ne l'êtes pas, renoncez. Vous échouerez. Vous pouvez penser le contraire, mais vous échouerez aussi sûrement que vous vivez. La graine du succès n'est pas en vous. » C'est très bien dans une certaine mesure, mais quiconque connaît la biographie de Hill sait qu'il a acquis ses cinquante millions de dollars en suivant exactement les méthodes présentées ici. En premier lieu, il commença à partir de rien. Il dut utiliser son imagination pour idéaliser le vaste chemin de fer qu'il a projeté tout le long des prairies occidentales. Ensuite, il dut reconnaître la loi de l'abondance de manière à fournir les voies et les moyens de le matérialiser. S'il n'avait pas suivi ce programme, il n'aurait jamais rien eu à épargner.

L'accumulation acquiert de l'élan. Plus vous accumulez, plus vous désirez. Et plus vous désirez, plus vous accumulez. En peu de temps, donc, l'action et la réaction acquièrent un élan inarrêtable. Cependant, elle ne doit pas être confondue avec l'égoïsme, l'avarice ou l'indigence. Ce sont des perversions qui rendront impossible tout progrès réel.

Le constructivisme, c'est l'instinct créateur de l'esprit. Il est immédiatement clair que chaque homme d'affaires prospère doit être capable de planifier, de développer ou de bâtir. Dans le monde des affaires, on y fait généralement référence sous le terme d'initiative. Il ne suffit pas de suivre les sentiers battus. De nouvelles idées doivent être créées, de nouvelles manières de faire les choses. Le constructivisme se manifeste dans la construction, la conception, la planification, l'invention, la découverte, l'amélioration. C'est une qualité très précieuse qui doit être constamment encouragée et développée. Chaque personne la possède dans une certaine mesure, parce qu'elle est un centre de conscience dans l'énergie infinie et éternelle dont procèdent toutes choses.

L'eau se manifeste sur trois plans, comme de la glace, comme de l'eau et comme de la vapeur. C'est le même composant partout. La seule différence se situe sur le plan de la température, mais personne ne tenterait de faire tourner un moteur avec de la glace. Transformez-la en vapeur et il démarre facilement. Il en va de même avec votre énergie. Si vous voulez qu'elle agisse sur le plan créateur, vous devrez commencer par faire fondre la glace avec le feu de l'imagination, et vous découvrirez que plus le feu est fort, plus vous faites fondre de glace, plus vos pensées seront puissantes et plus il vous sera facile de matérialiser votre désir.

La sagacité est la capacité de percevoir et de coopérer avec la loi naturelle. La véritable sagacité évite la ruse et la supercherie comme la peste. C'est le produit de cette perspicacité profonde qui permet à quelqu'un de pénétrer au cœur des choses et de comprendre comment mettre en mouvement les causes qui créeront inévitablement les conditions fructueuses.

Le tact est un facteur très subtil et en même temps très important dans la réussite des affaires. Il est très semblable à l'intuition. Pour avoir du tact, une personne doit avoir un ressenti subtil. Elle doit savoir instinctivement quoi dire et quoi faire. Pour avoir du tact, une personne doit posséder sympathie et compréhension, cette forme de compréhension qui est si rare, car tous les hommes voient, entendent et ressentent, mais combien peu « comprennent »? Le tact permet à une personne de prévoir ce qui va se passer et de calculer le résultat des actions. Le tact nous permet de sentir quand nous sommes en présence de la propreté physique, de la propreté mentale et de la propreté morale, car celles-ci constituent immanquablement le prix du succès aujourd'hui.

La loyauté est l'un des maillons les plus forts qui relie les hommes de force et de caractère. C'en est un qui ne peut jamais être brisé en toute impunité. L'homme qui préférerait perdre sa main droite plutôt que de trahir un ami ne manquera jamais d'amis. L'homme qui demeurera silencieux, jusqu'à la mort si nécessaire, aux côtés de la châsse de confiance ou d'amitié de ceux qui l'ont autorisé à entrer dans leur cercle, se retrouvera lié à un courant de pouvoir cosmique qui ne lui attirera que des conditions enviables. Il est inconcevable qu'une telle personne rencontre un manque quelconque.

L'individualité est le pouvoir de déployer nos propres possibilités latentes, de ne connaître d'autres lois que la nôtre, de nous intéresser à la course plutôt qu'au but. Les hommes forts ne se préoccupent pas de la foule d'imitateurs qui trottent avec suffisance derrière eux. Ils ne retirent aucune satisfaction d'être en tête de la multitude ni des acclamations de la foule. Ceci ne plaît qu'aux natures étroites et aux esprits inférieurs. L'individualité s'enorgueillit davantage du déploiement de son pouvoir intérieur que de la servilité du faible.

L'individualité est un réel pouvoir inhérent à tous. Le développement et l'expression qui résultent de ce pouvoir permettent à l'homme d'assumer la responsabilité de diriger ses propres pas plutôt que de se ruer derrière un meneur impérieux.

L'inspiration, c'est l'art de l'absorption, l'art de l'autoréalisation, l'art d'ajuster l'esprit individuel à l'Esprit universel, l'art d'attacher le mécanisme approprié à la source de tout pouvoir, l'art de différencier le sans-forme dans la forme, l'art de devenir un canal pour le flux de la sagesse infinie, l'art de visualiser la perfection, l'art de réaliser l'omniprésence de l'omnipotence.

La vérité est la condition impérative de tout bien-être. Être assuré, connaître la vérité et s'appuyer sur elle avec confiance offre une satisfaction incomparable. La vérité est la « vérité » sous-jacente, la condition sine qua non de toute activité prospère ou de toute relation sociale réussie.

Chaque acte qui n'est pas en harmonie avec la vérité, que ce soit par ignorance ou par conception, vous coupe l'herbe sous le pied, mène à la discorde, à la perte inévitable et à la confusion. Car si l'esprit le plus humble peut prédire précisément le résultat de toute action correcte, l'esprit le plus grand, le plus profond et le plus pénétrant se perd complètement et ne peut former aucune conception du résultat s'il fait une entorse aux principes corrects.

Ceux qui établissent en eux-mêmes les éléments requis du succès véritable ont établi la confiance et organisé la victoire, et il ne leur reste qu'à suivre ces étapes de temps en temps tandis que la force pensée nouvellement éveillée les dirige. C'est là que demeure le secret magique de tout pouvoir.

Moins de dix pour cent de nos processus mentaux sont conscients. Les autres quatre-vingt-dix pour cent sont subconscients ou inconscients. Ainsi, celui qui ne fait reposer son succès que sur sa pensée consciente est efficace à moins de dix pour cent. Les personnes qui accomplissent une œuvre louable sont celles qui ont le moyen de tirer profit de ce grand entrepôt de la richesse mentale. C'est dans le vaste domaine du subconscient que les grandes vérités sont cachées et c'est là que la pensée trouve son pouvoir créateur, le pouvoir de se mettre en corrélation avec son sujet, de sortir le visible de l'invisible.

Ceux qui connaissent bien les lois de l'électricité comprennent le principe par lequel l'électricité doit toujours passer d'une potentialité supérieure à une potentialité inférieure et peuvent par conséquent appliquer ce pouvoir à leur guise. Ceux qui ne sont pas au fait de cette loi ne peuvent rien en obtenir. Il en va de même pour la loi qui régit le monde mental. Ceux qui comprennent que l'esprit pénètre toutes choses, est omniprésent et répond à chaque demande, peuvent utiliser la loi et contrôler les conditions, les circonstances et l'environnement. Ceux qui ne sont pas au courant ne peuvent l'utiliser parce qu'ils ne la connaissent pas.

Le fruit de cette connaissance est, pour ainsi dire, un don des dieux. C'est la « vérité » qui rend les hommes libres, non seulement libres de tout manque et de toute limitation, mais libre de la tristesse, de l'inquiétude et du souci. N'est-ce pas merveilleux de réaliser que nous sommes tous égaux devant cette loi, que peu importe vos habitudes de pensée, la voie a été préparée !

Grâce à la prise de conscience que ce pouvoir mental contrôle et dirige tous les autres pouvoirs existants, qu'il peut être cultivé et développé, qu'il n'est pas possible de limiter son activité, il deviendra apparent que c'est le plus grand fait au monde, le remède à toute maladie, la solution à toute difficulté, la gratification de tout désir. En fait, que c'est une offre magnifique du Créateur pour l'émancipation de l'humanité.

La Cause et l'Effet

Les pensées sont des choses,
J'affirme que les pensées sont des choses ;
Elles ont un corps, un souffle et des ailes ;
Et nous les envoyons remplir
Le monde de bons ou de mauvais résultats.

Ce que nous appelons notre « pensée secrète »
Court jusqu'au fin fond de la terre,
Laissant ses bénédictions ou ses misères
Tel un sillage sur son chemin.

Nous édifions notre avenir, pensée après pensée,
En bien ou en mal, nous ne le savons pas.
Et pourtant, c'est ainsi que l'Univers fut créé.
La pensée est l'autre nom du destin ;
Choisis donc ta destinée et attends.
Car l'amour apporte l'amour et la haine apporte la haine.

– Henry Van Dyke

LA RÉALISATION

Le système nerveux est matière. Son énergie, c'est l'esprit. Il est dès lors l'instrument de l'Esprit universel. Il est le lien entre la matière et l'esprit, entre notre conscience et la conscience cosmique. Il est la porte du pouvoir infini.

Le système nerveux cérébro-spinal et le système nerveux sympathique sont tous deux contrôlés par la même énergie nerveuse. Et les deux systèmes sont si entremêlés que leurs impulsions peuvent être envoyées de l'un à l'autre. Chaque activité du corps, chaque impulsion du système nerveux, chaque pensée, consomme de l'énergie nerveuse.

Le système nerveux peut être comparé à un système télégraphique, les cellules nerveuses correspondant aux accumulateurs, les fibres aux fils. L'électricité est produite dans les accumulateurs. Les cellules, elles, n'engendrent pas l'énergie nerveuse. Elles la transforment et les fibres la transportent. Cette énergie n'est pas une onde physique comme l'électricité, la lumière ou le son. Elle est ESPRIT.

Elle entretient la même relation avec l'esprit qu'un piano avec son joueur. L'esprit ne peut s'exprimer de manière parfaite que lorsque l'instrument grâce auquel il fonctionne est en ordre.

La Cause et l'Effet

L'organe du système nerveux cérébro-spinal est le cerveau. L'organe du système nerveux sympathique est le plexus solaire. Le premier est le volontaire ou le conscient, le deuxième est l'involontaire ou le subconscient.

C'est à travers le système nerveux cérébro-spinal et le cerveau que nous devenons conscients des possessions. Dès lors, toute possession a son origine dans la conscience. La conscience qui n'est pas complètement développée d'un bébé ou la conscience inhibée d'un idiot ne peut posséder.

Cette condition mentale – la conscience – augmente en proportion directe avec notre acquisition de la connaissance. La connaissance s'acquiert par l'observation, par l'expérience et par la réflexion. Nous devenons conscients de ces possessions par l'esprit, de sorte que nous reconnaissons que cette possession repose sur la conscience. Cette conscience, nous la désignons sous le nom de « monde intérieur ». Ces possessions de la forme que nous acquérons sont du monde extérieur.

Ce qui possède dans le monde intérieur, c'est l'esprit. Ce qui nous permet de posséder dans le monde extérieur est également l'esprit. L'esprit se manifeste en tant que pensées, images mentales, mots et actions. La pensée est dès lors Créatrice. Notre pouvoir d'utiliser la Pensée pour créer les conditions, le décor et d'autres expériences de la vie dépend de notre habitude de pensée. Ce que nous faisons dépend de ce que nous sommes. Ce que nous sommes est le résultat de ce que nous pensons habituellement. Avant de pouvoir FAIRE, nous devons ÊTRE. Avant d'ÊTRE, nous devons contrôler et diriger la force de la pensée en nous.

La pensée est force. Il n'y a que deux choses dans l'Univers : la force et la forme. Lorsque nous réaliserons que nous possédons ce pouvoir créateur et que nous pouvons le contrôler et le diriger et, grâce à lui, agir sur les forces et les formes du monde objectif, nous aurons effectué notre première expérience de chimie mentale.

L'Esprit universel est la « Substance » de toute force et de toute forme, la réalité qui sous-tend tout. Conformément aux lois fixes, à partir de lui et grâce à lui, tout est amené à exister et est soutenu. C'est le pouvoir créateur de la pensée dans son expression parfaite. L'Esprit universel est toute conscience, tout pouvoir et toute présence. Il est essentiellement le même à chaque point de sa présence : tout esprit est un esprit unique. Ceci explique l'ordre et l'harmonie de l'Univers. Concevoir cet énoncé, c'est posséder la capacité de comprendre et de résoudre tous les problèmes de la vie.

L'esprit a une double expression – consciente ou objective, et subconsciente ou subjective. Nous entrons en relation avec le monde extérieur par l'esprit objectif, et avec le monde intérieur par le subconscient. Même si nous faisons une distinction entre le conscient et le subconscient, une telle distinction n'existe pas réellement. Cependant, cet arrangement nous sera pratique. Tout esprit est un esprit. Dans toutes les phases de la vie mentale, il y a une unité et une unicité indivisible.

Le subconscient nous relie à l'Esprit universel. Ainsi, nous sommes directement reliés à tout pouvoir. Dans le subconscient sont conservées les observations et les expériences de la vie qui y ont été apportées par l'esprit conscient. C'est l'entrepôt de la mémoire. Le subconscient est le large coin de semis où nous avons lancé des pensées, amené des expériences par l'observation, planté des événements, pour ensuite les voir revenir à la conscience avec le fruit de leur croissance.

La conscience est l'expression intérieure du pouvoir et la pensée, l'expression extérieure. Les deux sont inséparables. Il est impossible d'être conscient d'une chose sans y penser.

Nous avons capturé la foudre et l'avons appelée « électricité ». Nous avons exploité les eaux et asservi le torrent implacable. Par le miracle de la pensée, nous avons accéléré l'eau en vapeur pour porter des charges et transporter le commerce du monde. Nous avons créé des palaces flottants qui avancent lentement sur les autoroutes des grands fonds de l'océan. Nous avons triomphé dans notre conquête de l'air. Même si nous sommes amarrés dans l'archipel argenté de la Voie lactée, nous avons conquis le temps et l'espace.

La Cause et l'Effet

Lorsque deux fils électriques sont proches l'un de l'autre et que le premier transporte une charge électrique plus lourde que le deuxième, le deuxième reçoit par induction du courant du premier. Telle est l'illustration de l'attitude de l'humanité vis-à-vis de l'Esprit universel. Elle n'est pas consciemment reliée à la source du pouvoir.

Si le deuxième fil était rattaché au premier, il serait chargé d'autant d'électricité que ce qu'il pourrait porter. Lorsque nous devenons conscients du pouvoir, nous devenons un « fil sous tension », car nous sommes branchés au pouvoir par la conscience. Notre capacité d'utiliser le pouvoir est directement proportionnelle à notre capacité de faire face aux diverses situations qui surgissent dans notre vie.

L'Esprit universel est la source de tout pouvoir et de toute forme. Nous sommes les canaux à travers lesquels ce pouvoir se manifeste. Par conséquent, en nous réside le pouvoir illimité, les possibilités sans fin, et tout cela sous le contrôle de notre propre pensée. Parce que nous avons ces pouvoirs, parce que nous sommes en union vivante avec l'Esprit universel, nous pouvons ajuster ou contrôler chaque expérience susceptible de survenir.

L'Esprit universel n'a pas de limites. Plus nous réalisons notre unité avec cet esprit, moins nous serons conscients de la limitation ou du manque, et plus nous serons conscients de notre pouvoir.

L'Esprit universel est le même en tout point de sa présence, que ce soit dans l'infiniment grand ou dans l'infiniment petit. La différence relative de manifestation du pouvoir réside entièrement dans la capacité d'expression. Un morceau d'argile et un bâton de dynamite de même poids contiennent à peu près la même quantité d'énergie. Mais dans l'un, l'énergie est directement libérée, tandis que dans l'autre, nous n'avons pas encore appris comment la libérer.

Pour l'exprimer, nous devons créer la condition correspondante dans notre conscience. Nous imprimons cette condition sur le subconscient soit par le silence soit par la répétition.

La réalisation

La conscience perçoit et la pensée manifeste les conditions désirées. Les conditions de notre vie et de notre environnement ne sont que le reflet de nos pensées prédominantes. Donc l'importance de la pensée correcte ne peut être surestimée. « Avez-vous des yeux pour ne pas voir, des oreilles pour ne pas entendre? Ne vous souvenez-vous pas? »[7] est une autre manière d'exprimer cette vérité que sans conscience il ne peut y avoir de compréhension.

La pensée utilisée de manière constructive crée des tendances dans le subconscient. Ces tendances se manifestent sous la forme du caractère. La première signification du mot *caractère* est un signe gravé, comme sur un sceau. Il signifie « les qualités particulières imprimées sur une personne par la nature ou l'habitude, ce qui sépare la personne qui les possède de toutes les autres ». Le caractère a une expression extérieure et intérieure, l'expression intérieure étant la détermination et l'expression extérieure étant, l'aptitude.

La détermination dirige l'esprit vers l'idéal à réaliser, l'objectif à accomplir ou le désir à matérialiser. La détermination donne de la qualité à la pensée. L'aptitude est la capacité de coopérer avec l'omnipotence – bien que ceci puisse se faire inconsciemment. Notre détermination et notre aptitude déterminent nos expériences de vie. Il est important d'équilibrer détermination et aptitude. La supériorité de la première sur la deuxième produit « le rêveur ». Lorsque l'aptitude est supérieure à la détermination, il en résulte de l'impétuosité, ce qui engendre une activité très inefficace.

Selon la loi de l'attraction, nos expériences dépendent de notre attitude mentale. Ce qui se ressemble s'assemble. L'attitude mentale est autant le résultat du caractère que le caractère résulte de l'attitude mentale. Chacun réagit et agit sur l'autre.

Le hasard, la fatalité, la chance et le destin semblent constituer des influences aveugles qui opèrent derrière chaque expérience. Ce n'est pas le cas. Chaque expérience est gouvernée par des lois immuables qui peuvent être contrôlées de manière à produire les conditions que nous désirons.

---

7. Marc 8:18.

La Cause et l'Effet

Tout ce qui est visible et tangible dans l'Univers est composé de matière soumise à l'action de forces. Étant donné que nous connaissons la matière par ses apparences externes, nous allons la désigner comme la forme.

La forme peut être divisée en quatre catégories. Celle qui possède uniquement la forme, ou l'inorganique, par exemple le fer, le marbre, etc. La forme qui est vivante, ou l'organique, par exemple les plantes et le monde végétal en général. La forme qui contient la sensation et le mouvement volontaire, comme chez les animaux. La forme qui, outre la sensation et le mouvement volontaire, est consciente de son propre être et de ses possessions, comme l'homme.

Le principe fondamental qui sous-tend toute relation commerciale ou toute condition sociale prospère est la reconnaissance de la différence entre le monde intérieur et le monde extérieur, le monde subjectif et le monde objectif.

Autour de vous, son centre, tourne le monde extérieur. La matière, la vie organisée, les gens, les pensées, les sons, la lumière et d'autres vibrations, l'Univers lui-même avec ses millions de phénomènes innombrables envoient des vibrations vers vous, des vibrations de lumière, de son, de toucher, de bruit, de douceur, d'amour, de haine, de pensées, bonnes et mauvaises, sages et mal avisées, vraies et fausses. Ces vibrations sont dirigées vers vous – vers votre ego – par le plus petit, mais aussi le plus grand, le plus éloigné et le plus proche. Certaines d'entre elles atteignent votre monde intérieur, mais vous ignorez les autres qui, en ce qui vous concerne dans l'immédiat, sont perdues.

Certaines de ces vibrations ou forces sont essentielles à votre santé, à votre pouvoir, à votre succès, à votre bonheur. Comment se fait-il que vous les ayez ignorées et qu'elles n'aient pas été reçues dans votre monde intérieur?

La réalisation

Luther Burbank[8] dit : Nous commençons seulement à réaliser la merveilleuse machine qu'est le cerveau humain. Nous sommes au seuil de la connaissance, mais jusqu'à hier nous en étions loin. La race humaine a diffusé et reçu des pensées, peut-être pendant des millions d'année, sans le savoir, mais en souffrant pendant tout ce temps des mauvaises pensées reçues et en infligeant des souffrances par les mauvaises pensées émises. La radio, un instrument très simple comparé au cerveau, nous aide à comprendre ce dont le cerveau est capable – et ce qu'il fait.

« Ceux qui connaissent bien la radio savent ce que le terme *brouillage* signifie " l'encombrement dans une bande de fréquences étroite d'un grand nombre de stations émettrices qui opèrent toutes en même temps ". Comme nous émettons tous chaque fois que nous pensons, il est évident que le brouillage des bandes de longueurs d'onde utilisées par les transmetteurs radio n'est rien comparé au vacarme produit par un milliard et demi de cerveaux humains. Le terme *vacarme* peut sembler étrange à utiliser en liaison avec l'éther qui surplombe une calme prairie par exemple, mais ceux qui savent comment faire fonctionner les postes récepteurs radio comprendront. Peu importe la quantité de brouillage, un récepteur radio est aussi silencieux qu'une tombe jusqu'à ce qu'il soit ajusté et rendu sonore par l'harmonie établie en lui. Le silence peut se transformer en ce qui peut ressembler à un cri perçant.

« Étant donné que tout le monde émet en même temps, l'éther doit constituer une chambre de résonance encombrée de toutes sortes de pensées humaines. Comme nous n'émettons pas avec la même intensité, les vibrations les plus faibles sont noyées par les plus fortes. Les pensées faibles sont vite réduites à néant tandis que les fortes peuvent aller jusqu'aux extrémités de la terre, pour ce que nous en savons. Mais il semble logique de croire que les pensées rassemblées par millions peuvent, du

---

8. **Luther Burbank** (1849-1926) était un horticulteur américain ayant créé plus de 800 nouvelles variétés de plantes dont la pomme de terre *Russet Burbank*, connue aussi sous le nom de la pomme de terre d'*Idaho*. Burbank s'est également intéressé aux questions spirituelles et, durant les dernières années de sa vie, fut un ami de Paramahansa Yogananda qui le définit comme l'« idéal du saint américain ».

La Cause et l'Effet

fait de leur nature identique, s'enfler en un chorus fantastique même si les transmetteurs humains ne sont pas très puissants individuellement. »

En considérant la conscience comme un terme général, nous pouvons dire que c'est l'action de l'objectif sur le subjectif. Et ceci se produit de manière continue, que nous soyons éveillés ou endormis. La conscience résulte du ressenti ou du sentiment.

Nous reconnaissons aisément trois phases de conscience, très différentes les unes des autres.

1. La simple conscience, que tous les animaux ont en commun. C'est le sentiment d'exister, par lequel nous reconnaissons que « nous sommes » et que « nous sommes là où nous sommes », et par lequel nous percevons les divers objets et les diverses scènes et conditions.
2. L'autoconscience ou conscience de soi, que possède l'ensemble de l'humanité à l'exception des nourrissons et des handicapés mentaux. Celle-ci nous donne le pouvoir de l'autocontemplation ou la contemplation de l'effet du monde extérieur sur notre monde intérieur. « Le soi contemple le soi. » Parmi les nombreux autres résultats, le langage est ainsi apparu, chaque mot étant un symbole d'une pensée ou d'une idée.
3. La conscience cosmique. Cette forme de conscience est tout aussi supérieure à l'autoconscience que l'autoconscience l'est à la simple conscience. Elle diffère tout autant de chacune que la vue diffère de l'ouïe ou du toucher. L'aveugle ne peut avoir de vraie notion de la couleur, même si son écoute est fine et son toucher sensible.

Il est impossible à travers la simple conscience ou l'autoconscience d'avoir une notion de la conscience cosmique. Elle ne ressemble à aucune d'elles, pas plus que la vue ne ressemble à l'ouïe. Un sourd ne pourra jamais apprendre la valeur de la musique au moyen de son sens de la vue ou de celui du toucher.

La conscience cosmique constitue toutes les formes de conscience. Elle passe outre le temps et l'espace, car hormis le

La réalisation

corps et le monde de la matière, ces deux éléments n'existent pas.

Voici la loi immuable de la conscience : le développement du pouvoir dans le subjectif et sa manifestation consécutive dans l'objectif sont proportionnels au développement de la conscience.

La conscience cosmique est le résultat de la création des conditions nécessaires qui permettent à l'Esprit universel de fonctionner dans la direction désirée. Toutes les vibrations en harmonie avec le bien-être de l'ego sont captées et utilisées.

Lorsque la vérité est directement appréhendée ou devient une partie de la conscience, sans le processus habituel du raisonnement ou de l'observation, on accède à l'intuition. Grâce à l'intuition, l'esprit perçoit instantanément l'accord ou le désaccord entre deux idées. L'ego reconnaît toujours la vérité de cette manière.

Grâce à l'intuition, l'esprit transforme la connaissance en sagesse, l'expérience en succès, et saisit dans le monde intérieur ce qui nous a attendu dans le monde extérieur. L'intuition constitue donc une autre phase de l'Esprit universel qui présente la vérité comme des faits de la conscience.

L'INDUSTRIE

Toutes les mines perdues du Mexique, tous les galions ayant vogué depuis des Indes, tous les navires chargés d'or et d'argent des flottes du trésor de l'Espagne historique, n'ont pas plus de valeur que l'indemnité de chômage d'un mendiant comparés à la fortune créée toutes les huit heures par les idées commerciales modernes.

La possibilité suit la perception, l'action suit l'inspiration, la croissance suit la connaissance, l'environnement suit le progrès. C'est toujours d'abord le mental, puis la transformation dans les possibilités illimitées du caractère et de l'accomplissement.

Le progrès des États-Unis est attribuable à deux pour cent de sa population. En d'autres termes, tous nos chemins de fer, nos téléphones, nos automobiles, nos bibliothèques, nos journaux et une centaine d'autres commodités, d'articles de confort et de choses essentielles sont causés par le génie créateur de deux pour cent de la population.

Conséquence naturelle : ces mêmes deux pour cent sont les millionnaires de notre pays. Mais qui sont ces millionnaires, ces génies créateurs, ces hommes de capacité et d'énergie auxquels nous devons pratiquement tous les avantages de la civilisation ?

La Cause et l'Effet

Le même pouvoir nous dit que trente pour cent de ces personnes sont des fils de pauvres prêcheurs qui n'avaient jamais gagné plus de mille cinq cents dollars par an. Vingt-cinq pour cent étaient des fils de professeurs, de docteurs et de juristes de campagne. Et seuls cinq pour cent étaient fils de banquiers.

Il nous importe, dès lors, d'établir pourquoi ces deux pour cent ont réussi à acquérir tout ce qu'il y a de mieux dans la vie, alors que les quatre-vingt-dix-huit pour cent restants demeurent dans un manque perpétuel. Nous savons qu'il ne s'agit pas de hasard parce que l'Univers tel que nous le connaissons est régi par la loi. La loi gouverne les systèmes solaires, le Soleil, les étoiles et les planètes. La loi gouverne toute forme de lumière, de chaleur, de son et d'énergie. La loi gouverne toute chose matérielle et toute pensée immatérielle. La loi couvre la terre de beautés et l'emplit de générosité. Ne pouvons-nous donc être certains qu'elle gouverne également la répartition de cette générosité?

Les affaires financières sont gouvernées par la loi tout aussi sûrement, tout aussi positivement, tout aussi nettement que la santé, la croissance, l'harmonie ou toute autre condition de vie, et tout le monde peut se conformer à cette loi.

Un grand nombre de personnes observent déjà inconsciemment cette loi. D'autres sont en train de s'harmoniser consciemment avec elle.

Se conformer à la loi signifie rejoindre les rangs des deux pour cent. En fait, la nouvelle ère, l'âge d'or et l'émancipation industrielle signifient que les deux pour cent sont en voie de s'étendre, au point que les conditions actuellement dominantes s'inverseront : les deux pour cent deviendront bientôt quatre-vingt-dix-huit pour cent.

Lorsque nous recherchons la vérité, nous recherchons la cause ultime. Nous savons que toute expérience humaine est un effet. Si nous pouvons en établir la cause et si nous constatons que nous pouvons consciemment contrôler cette cause, alors cet effet ou cette expérience sera également sous notre contrôle.

L'industrie

L'expérience humaine ne sera donc plus le terrain de jeu du sort. L'homme ne sera plus l'enfant de la chance. Mais le destin, le sort et la chance seront aussi aisément contrôlés qu'un capitaine commande son bateau ou un mécanicien son train.

Toutes choses peuvent être ramenées au même élément en fin de compte, et comme elles peuvent ainsi être converties l'une en l'autre, elles doivent toujours être reliées et ne peuvent jamais s'opposer l'une à l'autre.

Dans le monde physique, il existe d'innombrables contrastes qui peuvent, pour plus de commodité, être désignés par des noms distinctifs. Il y a des surfaces, des couleurs, des nuances, des dimensions ou des extrêmes en toutes choses. Il y a un pôle Nord et un pôle Sud, un intérieur et un extérieur, un monde visible et un monde invisible, mais ces expressions servent simplement à placer les extrêmes en contraste.

Ces noms sont donnés à deux parties ou aspects distincts d'une même quantité. Les deux extrêmes sont relatifs. Ce ne sont pas des entités séparées, mais deux parties ou deux aspects d'un tout.

Dans le monde mental, nous trouvons la même loi. Nous parlons de la connaissance et de l'ignorance, mais l'ignorance n'est qu'un manque de connaissance et exprime donc simplement l'absence de connaissance. Elle n'a aucun principe en soi.

Dans le monde moral, nous parlons du bien et du mal, mais après examen, nous découvrons que le bien et le mal ne sont que des termes relatifs. La pensée précède et prédétermine l'action. Si le résultat de cette action est à notre avantage et à l'avantage d'autrui, nous l'appelons un « bien ». Si ce résultat est à notre désavantage et au désavantage d'autrui, nous l'appelons un « mal ». Le bien et le mal sont des mots fabriqués pour indiquer le résultat de nos actions, qui à leur tour résultent de nos pensées.

Dans le monde industriel, nous parlons de main d'œuvre et de capital comme s'il existait deux classes séparées et distinctes. Mais le capital, c'est la richesse, et la richesse est un produit de la main d'œuvre, et la main d'œuvre inclut nécessairement une industrie de toutes sortes : physique, mentale, exécutive et professionnelle. Chaque homme ou femme dont le revenu dépend en tout ou en partie des résultats de son effort dans le monde industriel doit être classé parmi la main d'œuvre. Nous découvrons par conséquent que dans le monde industriel, il n'y a qu'un principe, qui est la main d'œuvre ou l'industrie.

Nombreux sont ceux qui tentent sérieusement et honnêtement de trouver une solution au chaos industriel et social actuel, et nous entendons beaucoup parler de production, de gaspillage, de rendement – et parfois de pensée constructive.

La pensée que l'humanité est à la frontière d'une nouvelle idée, que l'aube d'une nouvelle ère est à portée de main, qu'une nouvelle époque dans l'histoire du monde est sur le point de se produire, se répand rapidement d'esprit à esprit et change les idées préconçues de l'homme et de sa relation avec l'industrie.

Nous savons que chaque condition est le résultat d'une cause et que cette même cause produit invariablement le même résultat. Quelle a été la cause des changements similaires dans la pensée du monde : la Renaissance, la Réforme, la révolution industrielle? Ce fut toujours la découverte et la discussion d'une nouvelle connaissance.

L'élimination de la compétition par la centralisation de l'industrie en sociétés par actions et en sociétés de fiducie, et les économies qui en résultent, ont poussé l'homme à réfléchir.

Il voit que la compétition n'est pas nécessaire pour progresser et se demande : « Quel sera le résultat de l'évolution qui se produit dans le monde industriel? » Et progressivement, la pensée commence à poindre, la pensée qui germe rapidement, qui est sur le point d'éclore dans l'esprit de l'ensemble des hommes partout, la pensée qui renverse les hommes et qui empêche toute idée égoïste, la pensée que l'émancipation du monde industriel est à portée de main.

Telle est la pensée qui éveille l'enthousiasme de l'humanité comme jamais auparavant. Telle est la pensée qui centralise la force et l'énergie et qui détruira toutes les barrières entre elle-même et son but. Ce n'est pas une vision du futur. C'est une vision du présent. Elle est à la porte – et la porte est ouverte.

L'industrie

L'instinct créateur au sein de l'individu, c'est sa nature spirituelle. C'est un reflet du principe créateur universel. Il est dès lors instinctif et inné. Il ne peut être éradiqué. Il ne peut qu'être perverti.

Du fait des changements qui se sont produits dans le monde industriel, cet instinct créateur ne trouve plus d'expression. Un homme ne peut pas construire sa propre maison. Il ne peut plus faire son propre jardin. Il ne peut en aucune manière diriger son propre labeur. Il est par conséquent privé de la plus grande joie susceptible de venir à l'individu : la joie de la création, de l'accomplissement. Ce grand pouvoir du bien est perverti et transformé en canaux destructeurs. En devenant envieux, l'homme tente de détruire les œuvres de ses semblables plus chanceux que lui.

La pensée se traduit dans l'action. Si nous voulons changer la nature de l'action, nous devons changer la pensée, et le seul moyen de changer la pensée, c'est de substituer une attitude mentale saine aux conditions mentales chaotiques qui existent en ce moment.

Il est évident que le pouvoir de la pensée est de loin le plus grand pouvoir qui existe. C'est le pouvoir qui contrôle tous les autres pouvoirs, et si cette connaissance a été jusqu'à il y a peu sous la possession d'une élite, elle est sur le point de devenir le privilège inestimable de la multitude. Ceux qui possèdent l'imagination et la vision percevront la possibilité de diriger cette pensée en des canaux constructifs et créateurs. Ils encourageront et favoriseront l'esprit d'aventure mentale. Ils éveilleront, développeront et dirigeront l'instinct créateur. Dans ce cas, nous assisterons bientôt à une renaissance industrielle telle que le monde n'en a jamais expérimenté auparavant.

Henry Ford[9] visualise l'approche de la nouvelle ère dans *The Dearborn Independent*. Il dit :

---

9. **Henry Ford** (1863-1947) a été le fondateur de la Ford Motor Company. Sa conception du Modèle T de l'automobile révolutionna le transport et l'industrie américaine. Le journal *The Dearborn Independent*, également surnommé *The Ford International Weekly*, fut créé en 1901 et édité par Henry Ford de 1919 à 1927.

La Cause et l'Effet

« La race humaine se trouve actuellement à la frontière de deux périodes, la période pendant laquelle utiliser, c'est gaspiller, et la période où ne pas utiliser, c'est gaspiller. Pendant longtemps, l'humanité fut consciente qu'elle arrivait à la fin de l'enfance irresponsable. La réserve fournie par le parent de l'humanité semble avoir atteint le bout de sa prodigalité. En d'autres mots, nous avons eu le sentiment que plus nous utilisions, moins nous avions en réserve. Ce sentiment s'est exprimé dans l'adage populaire : " On ne peut pas avoir le beurre et l'argent du beurre ".

« Mais maintenant que l'homme en a appris suffisamment pour planter sa propre réserve et la récolter, pour faire de sa réserve une récolte récurrente plutôt qu'un magasin de ressources naturelles offertes à l'origine et qui diminuent lentement, le moment arrive où plutôt que de craindre de gaspiller nos ressources en les utilisant, nous allons craindre de les gaspiller en ne les utilisant pas. Le flux d'approvisionnement sera si abondant et constant que lorsque les gens s'inquiéteront, ce ne sera pas de ne pas en avoir assez, mais bien de ne pas en utiliser assez.

« Imaginez un monde où la source d'approvisionnement est tellement abondante que les gens s'inquiètent de ne pas en utiliser assez plutôt que de craindre d'en utiliser trop comme nous le faisons maintenant, et vous avez l'image du monde à venir. Nous nous sommes longtemps reposés sur les ressources que la nature a emmagasinées il y a très longtemps, des ressources susceptibles d'être épuisées. Nous entrons dans une ère où nous allons créer des ressources qui seront renouvelées de manière tellement constante que le seul gaspillage sera de ne pas les utiliser. Il y aura un tel approvisionnement abondant de chaleur, de lumière et de pouvoir que ce sera un péché de ne pas utiliser tout ce que nous voulons. Cette ère advient maintenant. Et elle le fait par la voie de l'eau.

« La question du carburant et la question de la lumière, et la question de la chaleur, et la question du pouvoir étant toutes résolues au point de libérer réellement le monde entier du poids écrasant de ces quatre grands fardeaux, et non seulement cela, mais l'ensemble de la situation du carburant, de la lumière, de la chaleur et du pouvoir étant renversée de sorte que les gens devront utiliser tout ce qu'ils désirent pour éviter le gaspillage – ne comprenez-vous pas que la vie économique va osciller li-

L'industrie

brement et respirer profondément comme si un nouveau jour de printemps s'était levé sur l'humanité?

« C'est l'ère dont nous approchons. Il n'y a aucun doute à cela. On assistera, bien sûr, à l'échauffourée préliminaire habituelle entre l'égoïsme et le service, mais le service gagnera. La possession d'une mine de charbon située sur la propriété d'un homme peut être aisément accordée à des parties privées, mais pas la possession d'un fleuve! La nature elle-même réprimanderait l'homme qui revendiquerait la propriété d'un fleuve.

« Notre prochaine période est devant nous, pas la première période de gaspillage insouciant ni la deuxième période de comptabilité anxieuse, mais la troisième période d'abondance débordante qui nous oblige à utiliser et à utiliser et à utiliser les ressources pour répondre à tous nos besoins. »

La pensée, c'est l'esprit en mouvement, tout comme le vent, c'est l'air en mouvement. L'esprit est une activité spirituelle. En fait, c'est la seule activité que l'homme spirituel possède et l'Esprit est le Principe créateur de l'Univers.

Par conséquent, lorsque nous pensons, nous lançons un train de relation de cause à effet. Les pensées paraissent et rencontrent d'autres pensées similaires. Elles s'unissent et forment des idées. Les idées existent indépendamment du penseur maintenant. Ce sont des graines invisibles qui existent partout, qui poussent, croissent et portent des fruits, certaines par centaines et d'autres par milliers.

Nous avons été amenés à croire, et bon nombre d'entre nous semblent toujours le penser, que la richesse est une chose très matérielle et très tangible que nous pouvons obtenir et conserver pour notre propre utilisation et pour notre propre avantage exclusif. Nous oublions que tout l'or du monde ne s'élève qu'à quelques dollars par personne. L'entièreté de la réserve d'or du monde n'est que de huit milliards de dollars[10].

---

10. NDT : À l'époque où Charles F. Haanel écrivit ce livre. En 2005, les réserves officielles d'or monétaire conservées dans les banques centrales correspondaient à environ 528 milliards de dollars américains.

La Cause et l'Effet

Ce nombre inclut tout l'or frappé ou en lingots des diverses banques ou trésors des gouvernements du monde. Cette quantité d'or pourrait aisément être contenue dans une boîte de dix-huit mètres cubes[11]. Si nous nous reposions sur la réserve d'or, elle serait épuisée en une journée et, pourtant, avec ceci comme base, nous dépensons des centaines et des milliers, des millions et maintenant des milliards de dollars quotidiennement, sans que la réserve d'or d'origine n'en soit altérée. L'or est simplement une mesure, une règle. Avec une règle, nous pouvons mesurer des milliers et des centaines de milliers de centimètres. Dès lors, des centaines et des milliers et des millions de personnes peuvent utiliser un billet de cinq dollars en se le passant de l'une à l'autre.

Si nous pouvions laisser circuler la marque de richesse que nous appelons l'« argent », tout le monde pourrait avoir tout ce qu'il désire. Il n'y a pas besoin de manque. Le sentiment de manque ne vient que lorsque nous commençons à accumuler, que lorsque nous sommes saisis de peur et de panique et que nous n'arrivons pas à distribuer, à lâcher.

Il est évident que le seul moyen que nous ayons de profiter de la richesse, c'est de l'utiliser et pour l'utiliser nous devons la distribuer afin que quelqu'un d'autre puisse en bénéficier. Nous coopérons alors à notre propre bénéfice mutuel et faisons fonctionner pratiquement la loi de l'abondance.

Nous voyons également que la richesse n'est en rien aussi substantielle et tangible que nombre d'entre nous le supposent, mais qu'au contraire le seul moyen de l'obtenir, c'est de la laisser circuler. Dès qu'un mouvement concerté risque de stopper la circulation de ce moyen d'échange, la stagnation, la fièvre, la panique et la mort industrielle se produisent.

C'est cette nature intangible de la richesse qui la rend particulièrement susceptible au pouvoir de la pensée et qui a permis à de nombreuses personnes d'obtenir en un an ou deux des fortunes que d'autres ne pourraient espérer acquérir en une vie d'effort. Ceci est attribuable au pouvoir créateur de l'esprit.

---

11. NDT : Le volume total de l'or produit à ce jour correspond à la taille d'une boîte de 20,3 mètres cubes.

L'industrie

Helen Wilmans[12] donne une description intéressante du fonctionnement pratique de cette loi dans *The Conquest of Poverty*. Elle dit :

« La recherche avide d'argent est presque universelle. Cette recherche avide provient des facultés de possession uniquement et ses opérations sont confinées au domaine compétitif du monde des affaires. C'est une procédure purement externe. Son mode d'action n'est pas enraciné dans la connaissance de la vie intérieure dotée de désirs plus raffinés, plus justes et plus spiritualisés. Ce n'est qu'une extension de l'animalité dans le royaume de l'humain, et aucun pouvoir ne peut l'élever au plan divin que la race approche maintenant.

« Car toute élévation sur ce plan est le résultat de la croissance spirituelle. Il s'agit de faire simplement ce que le Christ nous a dit de faire afin que nous soyons riches. Il s'agit de d'abord rechercher le royaume des cieux à l'intérieur, seul lieu où il existe. Une fois ce royaume découvert, tous ces biens (la richesse extérieure) seront ajoutés.

« Qu'y a-t-il en l'homme qui puisse être appelé le royaume des cieux? Si je réponds à cette question, pas un lecteur sur dix ne me croira tellement la grande majorité des gens est totalement dénuée de la connaissance de sa propre richesse intérieure. Je vais y répondre malgré tout et ma réponse sera franche.

« Les cieux sont en nous, dans les facultés latentes du cerveau humain qui existent dans une surabondance jamais imaginée par l'homme. Le plus faible des hommes en vie détient les pouvoirs d'un dieu enfouis dans son organisme et ils y resteront enfouis jusqu'à ce qu'il apprenne à croire en leur existence et qu'il tente ensuite de les développer. En règle générale, les hommes ne sont pas introspectifs. C'est la raison pour laquelle ils ne sont pas riches. Ils sont frappés de pauvreté dans leurs

---

12. **Helen Wilmans** (1831-1907) fut une pionnière de la science mentale. Journaliste et éditrice américaine, elle encourageait le contrôle de l'esprit sur la matière. De journaliste, elle devint auteure et écrivit plusieurs livres, dont *The Conquest of Poverty* (*La Conquête de la Pauvreté*) et ajouta finalement la guérison et l'enseignement à sa longue liste d'accomplissements qui la menèrent vers l'opulence.

propres opinions d'eux-mêmes et de leurs pouvoirs, et apposent le sceau de leur croyance sur tout ce avec quoi ils entrent en contact. Si l'ouvrier payé à la journée, disons, regarde en lui-même suffisamment longtemps pour percevoir qu'il possède un intellect à même d'être aussi développé et étendu que celui de l'homme qu'il sert, s'il le perçoit et y attache toute l'importance qu'il se doit, alors le simple fait de le percevoir le libèrera de ses liens dans une certaine mesure, et lui fera rencontrer de meilleures conditions.

« Mais outre le fait de savoir qu'en se reconnaissant lui-même, il est ou peut devenir l'égal intellectuel de son employeur, un autre élément est requis. Il doit également connaître la loi et revendiquer son approvisionnement. En d'autres termes, il doit savoir que son savoir supérieur le relie à une position supérieure. Il doit savoir ceci et s'y fier. Car c'est en maintenant cette vérité avec foi et confiance qu'il commencera à s'élever physiquement. Les employeurs de partout acclament avec joie l'acquisition d'employés qui ne sont pas que des machines – ils veulent des cerveaux dans leur activité et sont heureux de les payer. L'aide bon marché est souvent la plus onéreuse, dans le sens où elle est la moins rentable. Lorsque la croissance du cerveau ou le développement du pouvoir de la pensée de l'employé augmente sa valeur pour l'employeur, et lorsque l'employé développe sa force au point d'être capable d'agir par lui-même, un autre employé pas encore aussi développé que lui se révélera pour prendre sa place.

« La reconnaissance progressive qu'un homme a de ses propres pouvoirs latents est le paradis intérieur qui se manifestera dans le monde et s'établira dans les conditions qui s'y relient.

« Une masure mentale projette à partir d'elle-même l'esprit d'une masure visible, et cet esprit s'exprime dans des apparences visibles liées à sa nature.

« Un palace mental produit l'esprit d'un palace visible avec des résultats qui y sont corrélés. Et il en va de même de la maladie et du péché, de la santé et de la bonté. »

L'ÉCONOMIE

L'économie est la science qui traite de la production et de la distribution des richesses ainsi que des modes et des moyens de bien vivre. Les anciens croyaient que chaque pièce sculptée incarnait une idée ou un sentiment et reposait sur le principe de la correspondance parfaite entre les états mentaux et l'expression physique.

À notre époque, nous reconnaissons qu'il y a une correspondance directe entre les états mentaux et l'état du corps humain, et la formulation de cette connaissance nous a permis de comprendre que tout état est un effet et que cet effet est le résultat d'une cause engendrée par une idée.

La science moderne dirige maintenant son attention sur le fait que les idées sont également responsables de toutes les formes de richesse et de distribution des richesses. La science de l'économie est dès lors considérée comme la science traitant des lois qui gouvernent les idées et leur expression sur le plan matériel.

Il faut au soleil environ deux mille ans pour passer d'un signe du zodiaque à un autre. Dans la littérature orientale, ces périodes sont appelées périodes de sous-race parce que c'est durant

La Cause et l'Effet

une telle période qu'une nation naît, mûrit, vieillit et meurt. La plupart des nations européennes terminent en ce moment leur cycle de deux mille ans et les réajustements nécessaires s'y produisent. À nous, nouvelle nation dans un nouveau monde, d'assister au réajustement.

Dans ce réajustement, il peut être bon de rappeler que l'intelligence règne. Que la pensée constructive intelligemment dirigée entraîne automatiquement la matérialisation de son sujet sur le plan objectif. Que la cause et l'effet sont suprêmes dans un Univers gouverné par une loi immuable. Que c'est l'esprit seul qui peut fournir la connaissance avec laquelle améliorer les conditions de la vie. C'est l'esprit qui construit chaque maison, qui écrit chaque livre, qui peint chaque tableau. C'est l'esprit qui souffre et apprécie. Dès lors, une connaissance des fonctions de l'esprit est de la toute première importance pour la race humaine.

Le sénateur James Wolcott Wadsworth Jr.[13] a dit récemment : « Je prie afin que le moment vienne où l'opinion publique américaine en arrivera à apprécier l'importance de la chimie organique et de la recherche sur la voie du progrès. En tant que peuples, nous nous sommes intéressés au développement des ressources matérielles – par l'extraction du fer et du charbon du sol, la culture des récoltes sur la surface et l'engagement dans les transports et dans d'autres formes d'effort commercial. En tant que peuple, nous avons accordé peu d'attention et peu encouragé la recherche scientifique mais, Monsieur le Président et Messieurs les Sénateurs, le progrès du futur dépend de la recherche scientifique. C'est l'homme qui travaille dans le laboratoire chimique qui doit montrer la voie du progrès humain. »

Il poursuivit en disant : « Je crois que c'est dans la chimie organique que réside la solution des secrets du passé et du futur. Je crois que son établissement et son maintien dans ce pays, même sous l'embargo, entraîneront le bonheur, le progrès et la sécurité de 100 000 000 de personnes. »

---

13. **James Wolcott Wadsworth Jr.** (1877-1952) était un politicien républicain de l'État de New York. Il fut également orateur.

L'économie

Le Sénateur Frelinghuysen[14] ajouta : « Lorsque nous réalisons que c'est grâce au génie des chimistes allemands et à l'avance scientifique des industries allemandes que les Allemands ont pu presque accéder aux ports de la Manche, lorsque nous réalisons que la prochaine guerre sera livrée avec des produits chimiques, je pense qu'il est de notre devoir patriotique de donner à cette industrie la plus haute protection qui puisse être imposée. »

Il est vrai que nombre des découvertes les plus importantes en science sont attribuables au génie des chimistes allemands. Il est également vrai que la prochaine guerre, s'il y en a une, sera livrée avec des produits chimiques. Mais la suivante et toutes les guerres futures seront gagnées par une compréhension de la chimie mentale.

Essayez de comprendre la situation. Réfléchissez un moment. Visualisez une armée d'hommes passer en revue à quatre de front, tous dans la fleur de l'âge. Voyez-les marcher encore et encore. Des hommes d'Allemagne, de France, d'Angleterre, de Belgique, d'Autriche, de Russie, de Pologne, de Roumanie, de Bulgarie, de Serbie, de Turquie, oui, et de Chine et du Japon, d'Inde, de Nouvelle-Zélande, d'Australie, d'Égypte et d'Amérique. Ils avancent toujours, en marchant, toute la journée, tout le lendemain, et le surlendemain. Toute la semaine, ils continuent à arriver, et la semaine suivante, et la semaine qui suit, et le mois qui suit, parce qu'il faudra compter des mois pour que cette armée de dix millions d'hommes passe par un point donné. Tous morts, et morts uniquement parce que quelques hommes haut placés se souciaient plus de la chimie organique que de la chimie mentale. Ils ne savaient pas que toute force peut toujours être affrontée avec une force égale ou supérieure. Ils ne savaient pas qu'une loi supérieure contrôle toujours une loi inférieure. Et parce que des hommes et des femmes intelligents ont permis à quelques hommes haut placés de contrôler leurs processus de pensée, le monde entier doit se retrouver contrit. Car les vi-

---

14. **Frederick Theodore Frelinghuysen** (1817-1885) fut membre du Sénat des États-Unis et représentait le New Jersey. Il fut également secrétaire d'État des États-Unis.

La Cause et l'Effet

vants trouveront nécessaire de travailler le restant de leur vie pour payer l'intérêt sur les obligations assumées, et leurs enfants recevront ces obligations en héritage, et à leur tour ils les transmettront à leurs enfants et aux enfants de leurs enfants.

Un homme d'État européen célèbre voit la situation présente comme suit :

« Malheureusement, les maux d'une guerre comme celle de 1914-1918 se réparent avec difficulté. Même avec l'entière bonne foi des conquis, si ceux-ci, par un labeur consciencieux, désiraient véritablement aider le monde à sortir de son cauchemar sanguinaire et à retourner à la vie normale, ce monde n'en demeurerait pas moins complètement à la dérive pendant longtemps. Nous assistons aujourd'hui à la prolongation d'une guerre qui ne semble même pas approcher une conclusion, à moins de nous orienter vers une énergie de temps de paix. Les finances sont sens dessus dessous. Les budgets artificiellement revus. On assiste à des taux de change de 65 francs[15] la livre sterling et de 14 francs le dollar, à une circulation fiduciaire terriblement altérée, à un coût de la vie en continuelle augmentation, à des grèves, à des changements rapides sur les marchés boursiers – ce qui rend le commerce et l'industrie impossible – à une accumulation des stocks : telle est la rançon de ces quatre années de guerre. Il était matériellement impossible, pour le conquérant ou le conquis, qu'autre chose que le chaos complet pour tous ne résulte de cette catastrophe mondiale. Des millions d'hommes ne se sont pas consacrés pendant 52 mois à un travail de mort et de destruction pour que le monde se rétablisse à l'aube de la paix. Une telle réacquisition rapide de l'équilibre dépasse les limites du réalisable sur le plan humain. »

Rappelons ici que la maître métaphysicien a dit la même chose dans un langage quelque peu différent il y a de nombreuses années de cela :

« Car à ce moment-là, la détresse sera plus terrible que tout ce qu'on a connu depuis le commencement du monde. Et jamais plus on ne verra pareille souffrance. Vraiment, si le Seigneur

---

15. Francs français de l'époque.

L'économie

n'avait pas décidé de réduire le nombre de ces jours, personne n'en réchapperait. Mais, grâce à ceux qu'il a choisis, il abrégera ce temps de calamité[16]. »

Il est évident que les gens commencent à réfléchir. Auparavant, lorsqu'ils étaient mécontents ou insatisfaits, ils se rencontraient dans un bar tout proche, partageaient quelques verres et oubliaient rapidement leur mécontentement et leur insatisfaction. La situation est très différente dans les conditions actuelles. Les hommes passent leur temps à lire, à étudier et à réfléchir. Et plus ils réfléchissent, moins ils sont satisfaits.

Tous les meneurs d'hommes le savent. C'est pour cette raison que l'Angleterre a sa bière, que l'Écosse a son whisky, que la France a son absinthe, que l'Allemagne a sa bière et que nous, Américains recrutés parmi tous ceux-ci, avons connu toutes sortes d'alcool. C'est de loin le moyen le plus facile de garder les gens « heureux et contents ». Un homme qui a accès à un pourcentage honnête d'alcool ne posera pas trop de questions si on lui offre un autre verre.

Cette méthode qui consiste à réduire les citoyens d'un pays à une sorte de servilité stupide a l'avantage supplémentaire de produire des bénéfices énormes qui peuvent être utilisés pour les réduire en esclavage économique autant que spirituel. Car l'homme qui ne peut penser n'a que peu d'espoir de comprendre la vérité spirituelle.

L'histoire du monde confirme cette conclusion. L'Égypte, jadis à la tête des nations, est tombée en poussière sous le poids de son propre caractère efféminé. Les victoires de la Grèce l'ont ouverte aux luxes de l'Orient et ont recouvert sa gloire de la nuit des temps. Rome, dont le pied de fer a piétiné les nations et secoué la terre, a connu dans ses derniers jours la faiblesse du cœur et le vil rejet du blason des puissants.

L'éditorial suivant intitulé « Where are we going » est récemment apparu dans le *St. Louis Globe-Democrat* [17]:

---

16. Matthieu 24:21, 22.
17. Le *St. Louis Globe-Democrat* a été un journal conservateur paru de 1853 à 1986 à Saint-Louis, au Missouri. Le titre de l'éditorial « Where are we going » veut dire « Où allons-nous ? ».

La Cause et l'Effet

« On ne peut discuter le fait que ce pays a besoin d'une législation et d'une administration constructive comme jamais auparavant. Jamais dans notre histoire un jugement sain, une vision large, une grande connaissance et une initiative pratique n'ont été aussi nécessaires à la préservation et à la promotion de notre bien public et individuel. Jamais auparavant diplomatie et direction de la plus haute qualité n'ont été aussi essentielles à notre progrès et à notre prospérité. Le pays a et a longtemps eu devant lui une preuve impressionnante de la futilité de la médiocrité du gouvernement dans les conditions qui nous ont opprimés depuis la guerre. Il a vu un congrès sans direction, complètement déconcerté par les terribles problèmes qui le défient, accomplissant peu de choses pour les solutionner et ce petit peu, le faisant mal. Jamais, auparavant, nous le répétons, une habileté politique capable et constructive n'a été aussi grandement requise. Et jamais nous en avons vu si peu à l'œuvre.

« À qui la faute? Qui devons-nous principalement blâmer d'avoir de si petites ressources quand nos besoins sont si grands? Il n'y a pas d'autre réponse que celle-ci : le peuple des États-Unis. Les hommes qui sont responsables de la législation et de l'administration sont choisis par le peuple. C'est au sein du peuple que réside le seul pouvoir d'élection. C'est le principe fondamental de notre gouvernement. Nous n'avons pas le droit de nous plaindre lorsque nos affaires sont mal gérées si nous ne faisons rien pour obtenir de meilleurs gestionnaires. Mais que voyons-nous dans cette situation périlleuse? Le peuple recherche-t-il et soutient-il des hommes dont le cerveau, le jugement, la connaissance et le caractère justifient l'espoir d'une amélioration de nos conditions gouvernementales? Manifestement, non. Au contraire, il se tourne vers les hommes en qui font défaut les qualités nécessaires pour cette urgence, vers des hommes dont les qualités sont à l'opposé, des hommes qui se distinguent principalement, s'ils se distinguent seulement, par leurs capacités d'obstructionnistes et de « destructionnistes », ou s'il s'agit de nouveaux aspirants, par leur capacité de condamner tout et n'importe quoi et de proposer d'étranges et bizarres panacées politiques pour accroître leur popularité.

L'économie

« Comment le gouvernement de la plus grande nation au monde peut-il fonctionner grandement et maintenir sa grandeur avec de tels éléments? Comment sa construction, besoin suprême de ce temps, peut-elle s'accomplir avec des hommes qui ne savent pas comment bâtir et dont les conseils ne sont que confusion? Et que signifie cette tendance populaire qui établit ces hommes dans les hautes sphères du gouvernement? Indubitablement, nous croyons que c'est la voix d'une grande protestation contre les conditions actuelles, d'une grande effusion du mécontentement populaire vis-à-vis de nombreux points qui perturbent et irritent le public. Qu'il y ait de nombreuses raisons d'insatisfaction n'est pas à mettre en doute, mais loin de fournir un remède à ces conditions, le cours pris par le peuple doit inévitablement les rendre pires. Les problèmes qui nous poursuivent doivent être résolus d'une manière ou d'une autre si nous voulons nous rétablir et reprendre notre progression, et leur solution ne peut venir que d'esprits constructifs. Cependant, ce n'est pas à une diplomatie constructive, mais à une diplomatie destructrice que nous confions nos affaires. Que va-t-il en résulter? »

L'unité de la nation, c'est la personne individuelle. Le gouvernement ne représente que l'intelligence moyenne des unités qui forment cette nation. Par conséquent, nous travaillons avec l'unité. Lorsque la pensée de la personne individuelle change, la pensée collective prend soin d'elle-même. Mais, nous tentons d'inverser le processus. Nous tentons de changer les gouvernements plutôt que les individus. Avec un tant soit peu d'effort intelligent et organisé, la pensée destructive actuelle pourrait être aisément modifiée en une pensée constructive, et la situation changerait rapidement.

Il y a dix ans, les titres des corporations allemandes se vendaient côte à côte avec ceux d'Angleterre et d'Amérique. Personne n'a jamais pensé qu'ils n'étaient pas absolument sûrs. Les obligations municipales de n'importe quelle grande ville allemande se vendaient librement sur une base de quatre pour cent, que ce soit à Londres, à Paris ou à New York. Le mark était aussi stable que le dollar et la livre sterling.

La Cause et l'Effet

L'intérêt est encore et toujours payé sur ces titres et le principal sera payé à l'échéance, mais en argent, cela correspond à peine à la valeur du papier sur lequel ils sont imprimés, de sorte que l'investisseur allemand conservateur, l'homme qui ne faisait que des placements « sûrs », qui veillait à n'acheter que des premières obligations municipales qui ne rapportaient pas plus de quatre ou cinq pour cent, est pratiquement sans le sou. En compensation, il peut se dire qu'un gouvernement libéral permet aux gens de boire beaucoup de bière, et lorsque les gens boivent beaucoup de bière, ils sont généralement contents de laisser quelqu'un d'autre réfléchir à leur place, car l'utilisation de la bière n'est pas calculée pour produire une pensée profonde, soutenue ou logique.

Des centaines et des dizaines de centaines de citoyens américains sont en train de se créer lentement et péniblement un fonds avec lequel ils espèrent se protéger dans les jours à venir. Est-il possible qu'eux aussi soient payés en dollars sans valeur d'ici dix ans?

Si le dollar demeurera probablement au pair, c'est parce que nous ne désirons pas le type de liberté personnelle qui enrichit une minorité aux dépens de la multitude, le type de liberté qui tente de réduire les citoyens américains à des automates afin qu'une minorité puisse dicter la destinée de la nation.

Le bonheur, la prospérité et la satisfaction résultent d'une pensée claire et d'une action appropriée, car la pensée précède et prédétermine la nature de l'action. Une petite stimulation artificielle peut temporairement faire taire les sens et ainsi servir à embrouiller la situation. Mais comme en économie et en mécanique, chaque action est suivie d'une réaction. De même, dans les relations humaines, chaque action est suivie d'une réaction égale. Nous savons donc que la valeur des choses dépend de la reconnaissance de la valeur des personnes. Chaque fois que l'on admet des principes qui déterminent que les choses sont plus importantes que les gens, on assiste à la mise au point de programmes qui fixent l'intérêt de la richesse au-dessus des intérêts des gens. Cette action doit nécessairement être suivie d'une réaction.

L'économie

Nous, le peuple d'Amérique, devons nous souvenir que la grande activité de la vie n'est pas menée économiquement, excepté si nous arrivons à transformer nos ressources en le plus haut degré d'évolution possible de personnes physiques, mentales et morales.

Marion LeRoy Burton, président de l'université du Michigan a dit : « Peut-être que la question la plus solennelle susceptible d'être posée à une personne aujourd'hui, c'est « pouvez-vous penser ? ». Le test de compétence et d'utilité individuelle pour la société se centre sur la capacité qu'un homme a d'utiliser son esprit. Emerson n'a jamais émis de signal de danger plus frappant que lorsqu'il s'est exclamé : « Faites attention lorsque le grand Dieu libère un grand penseur sur la planète. » Si nous pouvions seulement exploiter le pouvoir mental de l'Amérique d'aujourd'hui, nous pourrions résoudre les problèmes gigantesques du monde. Ce n'est pas en faisant appel au préjudice et à l'intérêt de la classe, ni en hurlant des injures, ni en acceptant facilement des demi-vérités, ni en pensant superficiellement, mais bien en entretenant des pensées prudentes, appliquées, scientifiques et savantes combinées avec une action sage et opportune, que la civilisation sera sauvée et la liberté humaine garantie. C'est sur l'éducation que repose le futur de la démocratie. Par conséquent, chaque citoyen loyal, chaque personne qui se respecte, doit saisir toutes les occasions pour renforcer sa mainmise sur la connaissance et pour stimuler son esprit. La vérité a toujours libéré les hommes et la vérité n'est disponible que pour celui qui pense. »

Roger Ward Babson[18] dit : « Si les statistiques nous ont appris une chose au cours des vingt dernières années, c'est bien que le facteur spirituel est le plus grand des facteurs de croissance des communautés et des nations. Il est bon de parler de la terre, de la main d'œuvre et du capital. Tous ont leur usage et leur

---

18. **Roger Ward Babson** (1875-1967), connu pour avoir fondé le collège Babson au Massachusetts, était un entrepreneur et un théoricien d'affaires dans la première moitié du XXe siècle. Babson écrivit plus de quarante livres sur les problèmes économiques et sociaux, et des centaines d'articles de magazines et de colonnes de journaux. C'était, entre autres, un conférencier populaire sur les tendances commerciales et financières.

La Cause et l'Effet

fonction, mais sont en eux-mêmes impuissants à apporter la prospérité. La terre, la main d'œuvre et le capital existaient bien avant qu'il n'y ait de civilisation. De nombreuses grandes nations, comme Babylone, la Perse, l'Égypte, la Grèce, Rome et même l'Espagne ont possédé des terres, de la main d'œuvre et du capital en abondance, mais elles sont tombées parce qu'elles manquaient de cette bien plus importante qualité – le facteur spirituel.

« J'observe par la fenêtre la grande route où un homme travaille avec une pioche. La route, c'est la *terre*. L'homme, c'est la *main d'œuvre*, et la pioche, c'est le *capital*. C'est une parfaite illustration de la terre, de la main d'œuvre et du capital. Mais cela illustre également qu'une telle combinaison peut être utilisée soit pour détruire soit pour construire – pour défoncer la route ou pour réparer la route. L'homme peut utiliser la pioche pour agrandir les ornières et les trous, ou pour les remplir. Tout dépend du but, du motif et du désir de l'homme. Le but, le motif et le désir sont des facteurs spirituels et sont tous importants. La terre, la main d'œuvre et le capital, et même l'éducation, ne sont que des outils utilisés soit pour le bien soit pour le mal. Deux hommes sortent de la même école de droit avec le même diplôme. L'un utilise son éducation pour *soutenir* le droit et l'autre pour aider les gens à *contourner* le droit. Deux chimistes diplômés de la même classe sont dans la même école technique. L'un utilise son apprentissage pour *purifier* la nourriture et l'autre utilise cette même formation pour *frelater* la nourriture. »

Penser est un processus créateur, et la combinaison en est la clé. La nature combine les électrons, les atomes, les molécules, les cellules et le résultat, c'est l'Univers. Dans le champ de l'entreprise humaine, tout progrès, tout développement et tout accomplissement résulte du respect de la leçon apprise de la nature. L'homme s'est élevé étape par étape de son état brut primitif jusqu'à sa position de maîtrise actuelle en combinant, en unissant et en reliant les pensées, les choses et les forces.

Dans le domaine de la science et de l'invention, dans le royaume de l'art, de la littérature et des affaires, dans chaque domaine de l'activité humaine, en combinant le commun, l'habituel, le connu, l'homme a dévoilé et découvert le peu commun, l'inhabituel, l'inconnu. L'homme a progressé rapidement, même si sa méthode de découverte des nouvelles combinaisons fut utilisée de manière inconsciente et non systématique. Pour éliminer accident et hasard, il convient d'utiliser une méthode scientifique, appliquée consciemment et systématiquement, exhaustivement, consciencieusement, honnêtement, continuellement, ce qui se traduit par un succès accru, plus de découvertes merveilleuses et plus d'inventions nombreuses et stupéfiantes.

La chimie mentale est une méthode scientifique de création de nouvelles idées, de maîtrise de tout sujet, de maîtrise et de développement de toute activité, ou de résolution de tous les problèmes. Cette méthode ne vaudra rien à moins d'être appliquée. Si l'application est faite honnêtement, consciencieusement et systématiquement, elle apportera de grands résultats.

En un mot, la méthode énoncée est la combinaison systématique de concepts. La conception correspond à l'acte mental de saisir les qualités communes de nombreux objets et de les unir en une seule notion. Cette notion individuelle est un concept.

Faites la liste de tous les concepts de votre activité particulière, de tout domaine de la nature ou d'une sphère de l'activité humaine.

Étudiez l'interrelation entre chaque concept de la liste avec chacun des autres.

Votre tableau de concepts doit représenter une liste exhaustive de tous les faits, points, instruments, lois et méthodes connues qui sont liés à votre domaine de pensée et de main d'œuvre.

Si vous avez un problème à résoudre, sélectionnez les concepts de la liste qui s'appliquent le plus directement à ce que vous recherchez et voyez comment combiner ceux que vous avez sélectionnés dans la liste tout entière.

Pour illustrer : combinez le premier concept avec le deuxième, cela vous donnera une idée. Combinez le premier concept avec le troisième, cela vous donnera une idée. Combinez le premier concept avec le quatrième, cela vous donnera une idée. Vous combinez ainsi le premier concept avec l'ensemble de la liste des concepts sélectionnés, ou jusqu'au moment où l'idée que vous cherchez apparaît. Si vous terminez le premier concept sans résultat, prenez le deuxième et combinez-le avec le premier, le troisième et le quatrième, et ainsi de suite jusqu'à la fin. Ce processus vous donnera une autre série de nouvelles idées.

Ensuite, combinez le troisième concept avec l'ensemble de la liste, puis le quatrième concept, et ainsi de suite jusqu'à ce que vous trouviez l'idée que vous recherchez ou, si vous désirez créer un véritable trésor de nouvelles idées, jusqu'à ce que vous ayez traité chaque concept en relation avec chaque autre concept de la liste. Puis, combinez vos concepts par paires, puis par trois et par quatre. Votre liste de concepts et l'utilisation de celle-ci, comme il est indiqué ci-dessus, forme une fontaine presque inépuisable de nouvelles idées qui, grâce à ce processus, se multiplient rapidement.

L'utilisation de cette méthode résoudra tous les problèmes auxquels vous pourrez être confrontés. Elle vous apportera davantage de succès, peu importe le but que vous poursuivez. Elle sera plus aisément et plus rapidement suivie en science, en art, en littérature. Elle vous couronnera d'accomplissement dans les affaires. Elle se reflétera par des bénéfices accrus et, dans votre environnement, par le bonheur et la satisfaction. Elle vous placera toujours sur la bonne voie, à condition que vous l'utilisiez consciencieusement, honnêtement et continuellement.

LE PENSEUR

Derrière le marteau qui frappe
Par lequel l'acier est forgé,
Derrière la clameur de l'atelier
Le chercheur trouvera la pensée,
La pensée qui est toujours maître
Du fer et de la vapeur et de l'acier
Qui s'élève au-dessus du désastre
Et le foule aux pieds !

– Berton Braley

LA CHIMIE MENTALE

La chimie est la science qui traite des changements intra-atomiques ou intramoléculaires que subissent les choses matérielles sous diverses influences.

Le mental se définit comme « de l'esprit ou relevant de l'esprit, y compris l'intellect, le sentiment et la volonté, ou l'ensemble de la nature rationnelle ».

La science, c'est la connaissance gagnée et vérifiée par l'observation exacte et la pensée correcte.

La chimie mentale est, par conséquent, la science qui traite des changements que subissent les conditions à travers les opérations de l'esprit.

Tout comme les transformations provoquées en chimie appliquée sont le résultat de la combinaison ordonnée de matériaux, de même, la chimie mentale provoque des résultats d'une manière semblable.

Tout nombre concevable peut être formé à l'aide des chiffres arabes 1, 2, 3, 4, 5, 6, 7, 8, 9 et 0.

Toute pensée concevable peut être exprimée à l'aide des 26 lettres de l'alphabet.

La Cause et l'Effet

Toute chose concevable peut être organisée à l'aide des quatorze éléments, et toujours et uniquement par le regroupement approprié d'électrons en molécules.

Lorsque deux ou davantage de molécules sont regroupées, une nouvelle individualité se crée. Cette individualité appelée à exister possède des caractéristiques non inhérentes à l'un des éléments qui lui a donné l'existence.

Ainsi, un atome de sodium et un atome de chlore donnent du sel. Seule cette combinaison peut donner du sel. Aucune autre combinaison d'éléments ne peut donner du sel. Et le sel est très différent de chacun des éléments qui le composent.

Ce qui est vrai dans le monde inorganique l'est également dans le monde organique : certains processus conscients produiront certains effets, et le résultat sera invariablement le même. La même pensée sera toujours suivie de la même conséquence, et aucune autre pensée ne servira ce but.

Cela doit nécessairement être vrai, car le principe doit exister indépendamment des organes à travers lesquels il fonctionne. La lumière doit exister, sinon il ne pourrait y avoir d'yeux. Le son doit exister, sinon il ne pourrait y avoir d'oreille. L'esprit doit exister, sinon il ne pourrait y avoir de cerveau.

L'action mentale est donc l'interaction de l'individu avec l'Esprit universel. Et comme l'Esprit universel est l'intelligence qui infiltre tout l'espace et anime tous les êtres vivants, cette action-réaction mentale constitue la loi de la causalité.

C'est le Chimiste universel. Le principe de la causalité ne s'obtient pas dans l'esprit individuel, mais bien dans l'Esprit universel. Ce n'est pas une faculté objective, mais bien un processus subjectif.

L'individu peut, cependant, mener le pouvoir à se manifester, et comme les combinaisons de pensée possibles sont infinies, les résultats sont perçus dans une infinie variété de conditions et d'expériences.

L'homme primordial, nu et bestial, qui squattait des cavernes sombres et qui rongeait des os, est né, a vécu et est mort dans un monde hostile. Son hostilité et sa misère découlaient de son ignorance. Ses servantes étaient la haine et la peur. Il ne comptait que sur son gourdin. Dans les bêtes, les forêts, les torrents, les mers, les nuages et même dans son semblable, il ne voyait que des ennemis. Il ne reconnaissait aucun lien qui les unisse l'un à l'autre ni à lui-même.

L'homme moderne est né dans le luxe par comparaison. L'amour fait balancer son berceau et protège sa jeunesse. Lorsqu'il s'apprête à lutter, il brandit un crayon, pas un gourdin. Il compte sur son cerveau, pas sur ses muscles. Pour lui, le physique n'est pas un maître ni un égal, mais un serviteur utile. Ses semblables et les forces de la nature sont ses amis, pas ses ennemis.

Ces changements incroyables, de la haine à l'amour, de la peur à la confiance, de la lutte matérielle au contrôle mental, ont été forgés par l'aube lente de la compréhension. Le lot de l'homme est enviable ou non selon sa compréhension de la loi cosmique.

La pensée construit les structures organiques des animaux et des hommes. La cellule protoplasmique désire la lumière et émet son impulsion. Cette impulsion construit progressivement un œil. Un certain type de cervidé vit dans une région où les feuilles poussent sur de hautes branches et cette recherche constante de sa nourriture préférée construit cellule après cellule le cou de la girafe. Des reptiles amphibies désirent voler en plein air. Ils développent des ailes et deviennent les oiseaux.

Des expériences réalisées à l'aide de parasites trouvés sur les plantes indiquent que même l'ordre de vie le plus inférieur utilise la chimie mentale. Jacques Loeb[19], M. D., membre du Rockefeller Institute[20], a exécuté l'expérience suivante : « Pour obtenir les données requises, des buissons de roses mis en pot furent placés

---

19. **Jacques Loeb** (1859-1924) était un biologiste américain d'origine allemande.
20. Le **Rockefeller Institute pour la recherche médicale** a été fondé en 1901 par le magnat du pétrole John D. Rockefeller. C'est sans conteste l'un des plus prestigieux centres de recherche au monde. Vingt-deux lauréats d'un prix Nobel de physiologie, de médecine ou de chimie ont été ou sont membres du Rockefeller Institute.

devant la fenêtre fermée d'une pièce. Si on laisse les plantes se dessécher, les aphidés (des parasites), auparavant sans ailes, se transforment en insectes à ailes. Après la métamorphose, les insectes quittent les plantes, volent vers la fenêtre, puis grimpent vers le haut de la vitre. »

Il est évident que ces insectes minuscules ont constaté que les plantes sur lesquelles ils s'étaient développés étaient mortes et qu'ils ne trouveraient plus rien à manger ni à boire sur cette source. Le seul moyen qu'ils avaient d'échapper à la famine, c'était de se faire pousser des ailes temporaires et de voler, ce qu'ils firent.

Que les cellules cérébrales soient directement influencées par les images mentales, et que les cellules cérébrales à leur tour puissent influencer l'être tout entier, fut prouvé par le professeur Elmer R .Gates[21] de la Smithsonian Institution[22] à Washington. Des cobayes furent enfermés dans des enclos décorés de certaines couleurs dominantes. La dissection a montré que le cerveau des cobayes gardés dans la zone colorée était plus grand que celui des cobayes gardés dans d'autres enclos. La sueur humaine émise dans diverses humeurs mentales fut analysée et des expériences furent menées avec les sels qui en résultaient. Ceux d'un homme vivant un état de colère se sont révélés d'une couleur inhabituelle. Une petite portion de ces sels placée sur la langue d'un chien a produit des marques d'empoisonnement.

Des expériences exécutées à l'université Harvard[23] avec des étudiants couchés sur la bascule d'une balance ont montré que l'esprit déplace le sang. Lorsqu'il fut demandé à l'étudiant d'imaginer qu'il participait à une course à pied, la bascule de

---

21. **Elmer R. Gates** (1859-1923) était scientifique et inventeur américain. Il mena de nombreuses expériences sur les animaux pour vérifier les effets de discriminations sensorielles raffinées sur la structure du cerveau.
22. Le **Smithsonian Institution** est un établissement éducatif et de recherche associé à un vaste complexe de dix-neuf musées et de sept centres de recherche principalement situés à Washington. Il est fondé et géré par le gouvernement américain.
23. L'**université Harvard** est une université privée américaine située à Cambridge au Massachusetts. Fondée en 1636, elle est considérée comme l'établissement d'enseignement supérieur le plus ancien des États-Unis.

la balance s'est affaissée au pied, et lorsqu'un problème de mathématiques fut travaillé, la bascule équilibrée s'est abaissée à la tête.

Cela montre que la pensée non seulement passe constamment d'esprit à esprit avec une intensité et une rapidité qui transcende de loin l'électricité, mais qu'elle construit également les structures à travers lesquelles elle opère.

Par l'esprit conscient, nous nous connaissons en tant que personnes et nous prenons connaissance du monde qui nous entoure. L'esprit subconscient est l'entrepôt des pensées passées.

Nous pouvons comprendre l'action de l'esprit conscient et du subconscient en observant le processus par lequel l'enfant apprend à jouer du piano. On lui apprend comment placer ses mains et frapper les touches, mais de prime abord il trouve quelque peu difficile de contrôler le mouvement de ses doigts. Il doit s'exercer tous les jours et doit concentrer ses pensées sur ses doigts en effectuant consciemment les bons mouvements. Avec le temps, ces pensées deviennent subconscientes et le jeu des doigts est dirigé et contrôlé par le subconscient. Au cours des premiers mois, et peut-être des premières années des exercices, l'élève ne peut jouer qu'en gardant son esprit conscient centré sur le travail. Mais plus tard, il peut jouer facilement et en même temps entretenir une conversation avec ceux qui l'entourent parce que son subconscient s'est tellement imprégné de l'idée des mouvements corrects qu'il peut les diriger sans exiger l'attention de l'esprit conscient.

Le subconscient est le désir instinctif. Il exécute ce qui est suggéré par l'esprit conscient. Ces suggestions sont exécutées fidèlement. C'est cette relation intime entre le conscient et le subconscient qui rend la pensée consciente si importante.

L'organisme de l'homme est contrôlé par la pensée subconsciente : toutes les activités de circulation, respiration, digestion et assimilation sont contrôlées par le subconscient. Le subconscient reçoit continuellement ses impulsions du conscient. Il nous suffit de changer notre pensée consciente pour obtenir un changement correspondant dans le subconscient.

La Cause et l'Effet

Nous vivons dans une mer insondable de substance mentale malléable. Cette substance est toujours active et vivante. Elle est sensible au plus haut degré. Elle prend forme selon la demande mentale. La pensée forme le moule ou la matrice à partir de laquelle la substance s'exprime. Votre idéal est le moule duquel notre futur émergera.

L'Univers est vivant. Pour exprimer la vie, il faut un esprit. Rien ne peut exister sans l'esprit. Tout ce qui existe est une manifestation de cette substance unique de base, de laquelle et par laquelle toutes les choses ont été créées et sont continuellement recréées. C'est la capacité qu'a l'homme de penser qui en fait un créateur plutôt qu'une créature.

Tout est le résultat du processus de la pensée. L'homme a accompli ce qui semblait impossible parce qu'il a refusé de le considérer comme impossible. Par la concentration, les hommes ont fait le lien entre le fini et l'infini, le limité et l'illimité, le visible et l'invisible, le personnel et l'impersonnel.

Les grands musiciens ont réussi à faire tressaillir le monde en créant de divines rhapsodies. Les grands inventeurs ont créé le lien et surpris le monde par leurs merveilleuses créations. Les grands auteurs, les grands philosophes et les grands scientifiques ont obtenu une telle harmonie que même si leurs écrits remontent à des centaines d'années, nous commençons tout juste à réaliser leur vérité. L'amour de la musique, l'amour des affaires, l'amour de la création a poussé ces hommes à se concentrer, et les voies et les moyens de matérialiser leurs idéaux lentement mais sûrement se sont développés.

À travers l'Univers tout entier, la loi de la cause et de l'effet est toujours opérationnelle. Cette loi est suprême. Ici, une cause, là, un effet. Ils ne peuvent jamais opérer indépendamment. L'un complète l'autre. La nature à tout moment s'efforce d'établir un équilibre parfait. Telle est la loi de l'Univers, et elle est toujours active. L'harmonie universelle est le but pour lequel toute la nature déploie ses efforts. Le cosmos tout entier se meut sous cette loi. Le Soleil, la Lune, les étoiles sont tous maintenus dans leur position respective grâce à l'harmonie. Ils se déplacent sur leur orbite. Ils apparaissent à certains moments en certains endroits. Et du fait de la précision de cette loi, les astronomes sont à même de nous dire où plusieurs étoiles apparaîtront dans un millier d'années. Le scientifique base son hypothèse toute entière sur cette loi de cause et d'effet. Elle n'est controversée nulle part, si ce n'est dans le domaine de l'homme. Ici, nous entendons parler de chance, de hasard, d'accident et de mésaventure. Mais tout cela est-il possible ? L'Univers est-il une unité ? Dans l'affirmative, et si la loi et l'ordre existent dans une partie, ils doivent s'étendre à toutes les parties. C'est une déduction scientifique.

Qui se ressemble s'assemble, sur tous les plans d'existence. Si les gens croient ceci plus ou moins vaguement, ils refusent de l'envisager lorsque cela les concerne. En effet, jusqu'ici, l'homme n'a jamais pu réaliser comment il met en mouvement certaines causes qui le relient à ses diverses expériences.

Ce n'est qu'au cours de ces dernières années qu'une hypothèse probante a pu être formulée pour appliquer cette loi à l'homme : le but de l'Univers est l'harmonie. Ce qui signifie l'équilibre parfait entre toutes choses.

L'éther remplit tout l'espace interplanétaire. Cette substance plus ou moins métaphysique est la base de toute matière. C'est sur cette substance que les messages du système sans fil se transmettent à travers l'espace.

La pensée lancée dans cette substance cause des vibrations qui à leur tour s'unissent à des vibrations similaires et réagissent sur le penseur. Toutes les manifestations sont le résultat de la pensée, mais l'action de penser se produit sur différents plans.

Nous avons un plan de pensée qui constitue le plan animal. Ici se situent les actions et les interactions auxquelles répondent les animaux. Cependant, les hommes n'en savent rien. Ensuite, nous avons le plan de la pensée consciente. Ici se trouvent des plans de pensée presque illimités auxquels l'homme peut être sensible. C'est strictement la nature de notre action de penser qui détermine à quel plan nous allons répondre. Sur ce plan, nous avons les pensées de l'ignorant, du sage, du pauvre, du riche, du malade, du bien-portant, du très pauvre, du très riche, et ainsi de suite. Le nombre de plans de pensée est infini, mais le point à souligner, c'est que lorsque nous pensons sur un plan défini, nous sommes sensibles aux pensées de ce plan et l'effet de la réaction est visible dans notre environnement.

Prenez par exemple une personne qui pense sur le plan de pensée de la richesse. Elle est inspirée par une idée, qui engendre le succès. Il ne pourrait en être autrement. Elle pense sur le plan du succès et comme ce qui se ressemble s'assemble, ses pensées attirent d'autres pensées similaires qui contribuent toutes à son succès. Son récepteur est accordé aux pensées de succès uniquement. Tous les autres messages n'arrivent pas à atteindre sa conscience, de sorte qu'elle ne sait rien d'eux. Son antenne pour ainsi dire atteint l'éther universel et se branche aux idées grâce auxquelles ses plans et ses ambitions peuvent se réaliser.

Asseyez-vous. Placez un amplificateur devant votre oreille et vous pouvez entendre la plus belle des musiques, ou une conférence, ou les analyses boursières les plus récentes. Qu'est-ce que cela indique, outre le plaisir dérivé de la musique ou des informations reçues de la conférence ou des rapports de marché?

Cela indique d'abord qu'il doit y avoir une sorte de substance suffisamment raffinée pour transporter ces vibrations vers chaque partie du monde. Cela indique que cette substance doit être suffisamment raffinée pour pénétrer toutes les autres substances connues de l'homme. Les vibrations doivent pénétrer le bois, la brique, la pierre ou l'acier de toutes sortes. Elles doivent passer au-dessus, à travers et sous les fleuves et les montagnes, au-dessus de la terre, sous la terre, partout et n'importe où. Cela indique que le temps et l'espace ont été annihilés. Dès l'instant où un morceau de musique est diffusé à Pittsburgh ou n'importe où ailleurs, si vous placez le mécanisme approprié sur votre oreille, vous pouvez le recevoir aussi clairement et distinctement que si vous vous trouviez dans la même pièce. Cela indique que ces vibrations circulent dans toutes les directions. Partout où il y a une oreille pour entendre, elle peut entendre.

La chimie mentale

Si dès lors il existe une substance si raffinée qu'elle saisit la voix humaine et l'envoie dans toutes les directions de sorte que chaque être humain équipé du mécanisme approprié puisse en recevoir le message, n'est-il pas possible que cette même substance transporte une pensée tout aussi directement et tout aussi certainement? Bien sûr. Comment le savons-nous? Par l'expérimentation. C'est le seul moyen d'être certain de quoi que ce soit. Essayez. Faites-en l'expérience vous-même.

Asseyez-vous. Choisissez un sujet que vous connaissez bien. Commencez à penser. Les pensées vont rapidement se succéder l'une l'autre. Une pensée en suggèrera une autre. Vous serez bientôt surpris de certaines pensées qui ont fait de vous le canal de leur manifestation. Vous ne saviez pas que vous connaissiez tant de choses à ce sujet. Vous ne saviez pas que vous pouviez les restituer dans un langage aussi beau. Vous vous émerveillez devant la facilité et à la rapidité avec laquelle les pensées arrivent. D'où viennent-elles? De la Source unique de toute sagesse, de tout pouvoir et de toute compréhension. Vous avez été jusqu'à la source de toute connaissance, car chaque pensée jamais pensée existe toujours. Elle est toujours prête et attend que quelqu'un saisisse le mécanisme qui lui permettra d'être exprimée. Vous pouvez par conséquent penser les pensées de chaque sage, chaque artiste, chaque financier, chaque capitaine d'industrie qui ait jamais existé, car les pensées ne meurent jamais.

Supposez que votre expérience ne soit pas totalement réussie. Essayez à nouveau. Peu d'entre nous sont fiers de leur premier effort sur le terrain. Nous n'avons pas obtenu de grand succès lorsque nous avons tenté de marcher la première fois. Si vous essayez à nouveau, rappelez-vous que le cerveau est l'organe de l'esprit objectif. Qu'il est relié au monde objectif par le système nerveux cérébro-spinal ou volontaire. Que ce système nerveux est relié au monde objectif par un certain mécanisme ou un certain sens. Il s'agit des organes avec lesquels nous voyons, nous entendons, nous touchons, nous goûtons et nous sentons. Or une pensée est une chose qui ne peut ni être vue ni être entendue. Nous ne pouvons la goûter, ni la sentir, ni la toucher. Il est évident que nos cinq sens ne nous sont d'aucune valeur pour

La Cause et l'Effet

tenter de recevoir une pensée. Il convient par conséquent de les faire taire parce que la pensée est une activité spirituelle et elle ne peut nous atteindre à travers un canal matériel. Nous allons donc nous détendre à la fois mentalement et physiquement et envoyer un S.O.S. pour obtenir de l'aide et attendre le résultat. Le succès de notre expérience dépendra entièrement de notre capacité à devenir réceptif.

Les scientifiques aiment utiliser le mot *éther* lorsqu'ils parlent de la substance « dans laquelle nous vivons et nous nous mouvons et avons notre être », qui est omniprésente, qui imprègne tout et qui est la source de toute activité. Ils aiment utiliser le terme *éther* parce que l'*éther* implique que cela peut être mesuré et, pour l'école des scientifiques matérialistes, tout ce qui ne peut être mesuré n'existe pas. Mais qui peut mesurer un électron? Et, cependant, l'électron est la base de toute existence matérielle pour ce que nous en savons à présent.

Il faudrait placer cinq cents millions d'atomes côte à côte pour mesurer une ligne de trois centimètres. Un nombre d'atomes égal à vingt-cinq millions de fois la population de la terre doit être présent dans le tube à essai pour qu'un chimiste puisse les détecter dans une trace chimique. Environ cent vingt-cinq septillions d'atomes se trouvent dans trois centimètres cubes de plomb. Et nous sommes encore loin de voir un atome au microscope!

Cependant, l'atome est aussi large que notre système solaire comparé aux électrons dont il est composé. Tous les atomes ont un soleil d'énergie central positif autour duquel tournent une ou plusieurs charges négatives d'énergie. Le nombre d'électrons négatifs que contient chaque atome détermine la nature de « l'élément » dont il fait partie.

Un atome d'hydrogène, par exemple, est supposé avoir un électron négatif comme satellite de son centre positif. Pour cette raison, les chimistes l'acceptent comme une norme de poids atomique. Le poids atomique de l'hydrogène est placé à un.

Le diamètre d'un électron est au diamètre de l'atome ce que le diamètre de notre Terre est au diamètre de l'orbite sur laquelle elle tourne autour du Soleil. Plus spécifiquement, il a été

La chimie mentale

déterminé que la masse d'un atome d'hydrogène est mille huit cents fois fois supérieure à celle d'un électron.

Il est clair dès lors que la matière a une capacité de raffinement qui dépasse le pouvoir de calcul de l'esprit humain. Nous n'avons pas encore été capables d'analyser ce raffinement au-delà de l'électron, et même après être arrivés si loin, nous avons dû compléter notre observation physique des effets par notre imagination pour couvrir certains trous.

Le développement de la matière à partir des électrons fut un processus involontaire de l'individualisation de l'énergie intelligente.

La nourriture, l'eau et l'air sont généralement considérés comme les trois éléments essentiels nécessaires au maintien de la vie. C'est vrai, mais il existe un élément encore plus essentiel. Chaque fois que nous respirons, nous ne remplissons pas seulement nos poumons d'air chargé du magnétisme de l'orbite solaire, mais nous nous remplissons d'énergie pranique, la respiration de la vie emplie de chaque besoin du mental et de l'esprit. Cette vie qui donne l'esprit est bien plus nécessaire que l'air, la nourriture ou l'eau, parce que l'homme peut vivre pendant quarante jours sans nourriture, trois jours sans eau et quelques minutes sans air, mais il ne peut vivre une seule seconde sans éther. C'est le seul élément primordial de la vie. Et il contient tous les éléments essentiels de la vie. Ainsi, le processus de la respiration ne fournit pas seulement la nourriture destinée à la construction de l'organisme, mais également la nourriture du mental et de l'esprit.

LA RELATION DE CAUSE À EFFET

L'intelligence universelle quitte sa source pour s'incarner dans des formes matérielles à travers lesquelles elle retourne à sa source. La vie minérale animée par un électromagnétisme est la première étape ascensionnelle de l'intelligence en direction de sa source universelle. L'énergie universelle est intelligente, et ce processus involontaire de création de la matière est un processus intelligent de la nature qui a pour but spécifique l'individualisation de son intelligence.

John Nelson Stockwell[24] dit : « La base de la vie et de la conscience réside derrière les atomes, et peut se trouver dans l'éther universel. » Charles Hemstreet[25] dit : « L'esprit dans l'éther n'est pas plus contre nature que l'esprit dans la chair et le sang. » Stockwell dit : « Il appert que l'éther est une substance superphysique immatérielle qui remplit tout l'espace et qui porte en son sein palpitant infini les atomes de la force dynamique glo-

---

24. **John Nelson Stockwell** (1832-1920) était un astronome. Il est devenu professeur à la Case School of Applied Science qui s'est ouverte en 1880.
25. **Charles Hemstreet** était un scientifique dont les écrits ont été largement diffusés dès le début du XXe siècle.

bale appelée « mondes ». Il incarne le principe spirituel ultime et représente l'unité des forces et des énergies desquelles jaillissent, comme de leur source, tous les phénomènes, physique, mental et spirituel, tels qu'ils sont connus de l'homme. » Amos Emerson Dolbear[26], dans sa grande œuvre sur l'éther, dit : « Outre la fonction d'énergie et de mouvement, l'éther a d'autres propriétés inhérentes desquelles pourraient émerger, sous des circonstances appropriées, d'autres phénomènes tels que la vie ou l'esprit ou tout ce qui peut exister dans le substrat. »

« La cellule microscopique, infime grain de matière qui doit devenir l'homme, a en elle la promesse et le germe de l'esprit. Ne pouvons-nous pas en tirer la conclusion que les éléments de l'esprit sont présents dans les éléments chimiques – le carbone, l'oxygène, l'hydrogène, l'azote, le sulfure, le phosphore, le sodium, le potassium, le chlore – qui se trouvent dans la cellule ? Non seulement nous devons le faire, mais nous devons aller plus loin, car nous savons que chacun de ces éléments, et tous les autres, est constitué d'une unité invariable, l'électron. Nous devons dès lors affirmer que l'esprit est potentiellement présent dans l'unité de la matière – l'électron lui-même. »

Les atomes de matière minérale sont attirés les uns vers les autres pour former des agrégats ou des masses. Cette attraction est appelée « affinité chimique ». Les combinaisons chimiques des atomes sont attribuables à leurs relations magnétiques les uns vis-à-vis des autres. Les atomes positifs attireront toujours des atomes négatifs. La combinaison ne durera qu'aussi longtemps qu'aucune force encore plus positive n'est amenée à peser sur elle ou à la briser.

Deux ou plusieurs atomes combinés forment une molécule qui se définit comme « la plus petite particule d'une substance pouvant maintenir sa propre identité ». Ainsi, une molécule d'eau est une combinaison de deux atomes d'hydrogène et d'un atome d'oxygène (H^2O).

---

26. **Amos Emerson Dolbear** (1837-1910) était un physicien et un inventeur américain. Ses brevets ont interféré sur les activités prévues par Guglielmo Marconi aux États-Unis. Dolbear a effectué des recherches sur la conversion d'étincelles électriques en ondes sonores et en impulsions électriques. Il fut professeur à l'université du Kentucky, à Lexington, de 1868 à 1874.

La relation de cause à effet

Lors de la construction d'une plante, la nature travaille avec des colloïdes plutôt qu'avec des atomes, car elle a construit la cellule en tant qu'entité, tout comme elle a construit l'atome et la molécule en tant qu'entités avec lesquelles travailler dans la substance minérale. La cellule végétale (le colloïde) a le pouvoir d'attirer à elle, depuis la terre, l'air et l'eau, toutes les énergies dont elle a besoin pour sa croissance. Par conséquent, elle puise dans la vie minérale et la domine.

Lorsque la substance végétale est suffisamment raffinée pour recevoir encore plus d'énergie intelligente universelle, la vie animale apparaît. Les cellules de la plante sont maintenant devenues si malléables qu'elles possèdent des capacités supplémentaires, celles de la conscience individuelle, de même que des pouvoirs supplémentaires, ceux d'un magnétisme sensationnel. Elles tirent leurs forces de vie de la vie minérale et végétale et dès lors les dominent.

Le corps est un agrégat de cellules animées par la vie magnétique spirituelle qui tend à organiser ces cellules en communautés et ces communautés en ensembles coordonnés qui feront fonctionner la masse tout entière du corps comme une entité consciente pour se transporter d'un endroit à l'autre.

Les atomes, les molécules et leurs énergies sont maintenant subordonnés au bien-être de la cellule. Chaque cellule est une entité vivante consciente, capable de sélectionner sa propre nourriture, de résister à toute agression et de se reproduire.

De même que chaque cellule a sa propre conscience, intuition et volonté individuelle, chaque groupe fédéré de cellules possède une conscience, une intuition et une volonté individuelle collective. Il en va de même pour chaque groupe coordonné de fédérations, jusqu'à ce que le corps tout entier possède un cerveau central unique où a lieu la grande coordination de tous les « cerveaux ».

Le corps d'un être humain moyen est composé de quelques vingt-six trillions de cellules. Le cerveau et la moelle épinière en sont composés de deux milliards.

La Cause et l'Effet

La loi biogénique prouve que chaque vertébré évolue à partir d'une seule cellule, comme tous les autres animaux. D'après Ernest Haeckel[27], même l'organisme humain est d'abord un simple globule nucléé de protoplasme d'environ trois centimètres de diamètre, un point minuscule. L'ovule transmet à l'enfant, par l'hérédité, les traits personnels de la mère, le spermatozoïde, ceux du père, et cette transmission héréditaire s'étend aux plus fines caractéristiques de l'âme comme du corps. Qu'est-ce que le protoplasme? Quelle est cette mystérieuse substance vivante que nous retrouvons partout comme fondement matériel des merveilles de la vie? Le protoplasme est, selon ce qu'a très bien dit Aldous Leonard Huxley[28], la base physique de la vie organique. Plus précisément, c'est un composé physique de carbone qui accomplit seul les divers processus de la vie. Dans sa forme la plus simple, la cellule vivante n'est qu'un globule mou de protoplasme contenant un noyau plus dur. Dès qu'il est fertilisé, il se multiplie par division et forme une communauté ou une colonie de nombreuses cellules spéciales.

Celles-ci différencient et leur spécialisation ou modification développent les tissus qui composent les divers organes. Les organismes multicellulaires développés de l'homme et de tous les animaux supérieurs ressemblent à une communauté civile et sociale, dont les nombreux individus se développent de diverses manières, alors qu'à l'origine ils ne constituaient que de simples cellules d'une structure commune.

Toute vie sur cette terre, comme le souligne le Dr Butler[29] dans *How the Mind Cures*, a commencé sous la forme d'une

---

27. **Ernst Haeckel** (1834-1919) était un biologiste, philosophe et libre penseur allemand. Il a fait connaître les théories de Charles Darwin en Allemagne et a développé une théorie des origines de l'homme.
28. **Aldous Leonard Huxley** (1894-1963) était un écrivain britannique ayant émigré aux États-Unis. Dans ses romans et ses essais, Huxley se pose en observateur critique des usages, des normes sociales et des idéaux, et se préoccupe des applications potentiellement nuisibles à l'humanité, du progrès scientifique. Au fil des années, il s'intéresse de plus en plus aux questions spirituelles, et particulièrement à la parapsychologie et à la philosophie mystique.
29. Membre du personnel de rédaction du *Journal américain de la médecine clinique*, le **Dr Butler** était très apprécié de ses pairs comme poète, auteur, éditeur, orateur, philosophe et médecin. Il est l'auteur du livre *How the Mind Cures* (Comment l'esprit guérit).

La relation de cause à effet

cellule constituée d'un corps animé par un esprit. Au commencement, et longtemps après, cet esprit animé était cet esprit que nous appelons maintenant le « subconscient ». Mais tandis que les formes croissaient en complexité et produisaient des organes des sens, l'esprit a lancé une adjonction, formant ainsi une autre partie, celle que nous appelons maintenant le « conscient ». Si au départ les créatures vivantes n'avaient qu'un seul guide qu'elles devaient suivre en toutes choses, cette addition ultérieure à l'esprit donna à la créature un choix. C'est ainsi que s'est formé ce qui a été dénommé la « volonté. »

Chaque cellule est dotée d'une intelligence individuelle qui l'aide à réaliser ses œuvres complexes comme par miracle. La cellule est la base de l'homme. Ce fait doit être constamment gardé à l'esprit lorsqu'on s'intéresse aux merveilles de la chimie mentale.

Tout comme une nation est composée d'un grand nombre d'individus vivants, le corps est constitué d'un grand nombre de cellules vivantes. Les citoyens d'un pays sont engagés dans diverses activités – certains dans le travail de production, dans le champ, la forêt, la mine, l'usine. D'autres dans le travail de distribution, dans les transports, les entrepôts, les magasins ou les banques. D'autres encore dans le travail de réglementation, dans les assemblées législatives, au tribunal, au gouvernement. Certains dans le travail de protection – les soldats, les marins, les docteurs, les professeurs, les pasteurs. De même, dans le corps, certaines cellules travaillent à la production : bouche, estomac, intestin, poumon, et fournissent la nourriture, l'eau, l'air. D'autres sont engagées dans la distribution des fournitures et dans l'élimination des déchets : cœur, sang, lymphe, poumon, foie, rein, peau. D'autres effectuent la tâche de réglementation : cerveau, moelle épinière, nerfs. D'autres s'occupent de la protection : globules blancs, peau, os, muscle. Sans oublier les cellules qui se chargent de la reproduction des espèces.

Comme la vigueur et le bien-être d'une nation dépendent fondamentalement de la vitalité, de l'efficacité et de la coopération de ses citoyens, de même, la santé et la vie du corps dé-

La Cause et l'Effet

pendent de la vitalité, de l'efficacité et de la coopération de ses myriades de cellules.

Nous avons vu que les cellules sont rassemblées en systèmes et en groupes qui réalisent les fonctions particulières essentielles à la vie physique et à l'expression physique, comme nous le voyons dans les organes et les tissus.

Tant que les diverses parties agissent ensemble en parfaite harmonie et avec tout le respect qui convient l'une pour l'autre et pour les buts généraux de l'organisme, il y a santé et bon fonctionnement. Mais lorsqu'une cause quelconque entraîne la discorde, la maladie survient. La maladie est un manque de bien-être et d'harmonie.

Dans le cerveau et le système nerveux, les cellules se regroupent dans leur action selon les fonctions particulières qu'elles sont appelées à réaliser. C'est de cette manière que nous sommes capables de voir, de goûter, de sentir, de toucher et d'entendre. C'est également de cette manière que nous sommes à même de nous rappeler les expériences passées, de nous souvenir des faits et des chiffres, etc.

Dans la santé mentale et physique, ces divers groupes de neurones travaillent en subtile harmonie, mais dans la maladie, ils ne le font pas. Dans des conditions normales, l'ego entretient l'action harmonieuse et coordonnée de toutes ces cellules et de tous ces groupes individuels, de même que du système cellulaire.

La maladie représente une action organique dissociée. Certains systèmes ou groupes, chacun constitué d'un grand nombre de cellules microscopiques, commencent à fonctionner indépendamment l'un de l'autre et dès lors de manière disharmonieuse, et bouleversent ainsi la tonalité de l'organisme tout entier. Un seul organe ou système peut se désaccorder du reste du corps et lui nuire sérieusement. Ceci constitue une forme de maladie.

Dans une fédération quelconque, l'action efficace et harmonieuse dépend de la force et de la confiance accordée à l'administration centrale des affaires. Selon le degré d'échec du maintien de ces conditions, discorde et confusion sont sûres de se produire.

Nels Quevli[30] expose clairement ceci dans *Cell Intelligence*. Il dit : « L'intelligence de l'homme est l'intelligence que possèdent les cellules de son cerveau. Si l'homme est intelligent et, en vertu de cela, capable de combiner et d'arranger la matière et la force de manière à obtenir des structures telles que maisons et chemins de fer, pourquoi la cellule ne serait-elle pas également intelligente lorsqu'elle est capable de diriger les forces de la nature pour obtenir les structures que nous observons, comme les plantes et les animaux? La cellule n'est pas obligée d'agir grâce à une force chimique et mécanique, pas plus que l'homme. Elle agit par sa propre volonté et son propre jugement. C'est un animal vivant séparé. Henri Bergson dans son œuvre *Creative Evolution*[31] semble voir une énergie créatrice dans la matière et la vie. Si nous nous tenions à une certaine distance et que nous observions l'érection d'un gratte-ciel jusqu'à ce qu'il soit terminé, nous dirions qu'une énergie créatrice réside derrière lui et encourage sa construction. Et, si nous pouvions nous en approcher suffisamment pour apercevoir hommes et entrepreneurs au travail, la seule idée que nous pourrions avoir de la manifestation du gratte-ciel, c'est qu'il fut érigé par une énergie créatrice.

La cellule est un animal très hautement organisé et spécialisé. Prenez par exemple l'unicellulaire appelée « amibe ». Elle ne possède pas de mécanisme de fabrication de l'amidon. Cependant, elle transporte le matériau de construction qui lui permet de sauver sa vie en se recouvrant d'une armure en cas

---

30. **Nels Quevli** inventa l'expression « intelligence cellulaire » en 1916 dans son livre intitulé *Cell intelligence - La cause de la croissance, de l'hérédité et des actions instinctives, ce qui illustre que la cellule est un être conscient et intelligent, et, de ce fait, prévoit et construit toutes les plantes et tous les animaux de la même manière que l'homme construit des maisons, des chemins de fer et d'autres structures* (The Colwell Press, Minneapolis, MN).
31. *Creative Evolution* (*L'évolution créatrice*) : livre daté de 1907 écrit par le philosophe français **Henri Bergson**. Sa traduction anglaise est parue en 1911. Le livre fournit une explication au mécanisme d'évolution de Darwin, suggérant que l'évolution est motivée par un élan vital qui peut également être compris comme l'élan créateur naturel de l'humanité.

d'urgence. Les autres cellules transportent une structure appelée « chromatophore ». Avec cet instrument, ces cellules sont capables de fabriquer de l'amidon à partir des substances brutes de la terre, de l'air et de l'eau, et avec l'aide de la lumière du soleil. À partir de ces faits, il doit apparaître évident au lecteur que la cellule est un individu très hautement organisé et spécialisé, et que la considérer comme de la simple matière et de la force reviendrait à comparer les actions d'une pierre qui dévale une colline à celles d'une automobile qui roule sur la chaussée. L'une est contrainte de se déplacer par la force de la gravitation, tandis que l'autre roule en vertu de l'intellect qui la guide. Les structures de la vie, comme les plantes et les animaux, sont construites à partir des matériaux tirés de la terre, de l'air et de l'eau, de même que les structures que l'homme construit, tels que les chemins de fer et les gratte-ciel. Si on nous demandait comment l'homme peut obtenir la construction de ces chemins de fer et de ces bâtiments, nous dirions que c'est parce qu'il est un être intelligent.

Si la cellule est passée par le même processus d'organisation sociale et d'évolution que l'homme, pourquoi n'est-elle pas le même être intelligent que l'homme? Vous êtes-vous jamais demandé ce qui se produit lorsque la surface du corps est coupée ou contusionnée? Les globules blancs, comme on les appelle, ces gardiens généraux du corps, dont la fonction consiste à prendre soin de tout en général, tel que du combat contre les bactéries et les germes des maladies et du travail de réparation global, vont sacrifier leur propre vie par centaines si nécessaire pour sauver le corps. Ils vivent dans le corps et bénéficient d'une totale liberté. Ils ne flottent pas dans le système sanguin, à part lorsqu'ils sont pressés de se rendre quelque part. Ils se déplacent partout en tant qu'êtres indépendants distincts pour veiller à ce que tout aille bien. Si une contusion ou une coupure se produit, ils en sont immédiatement informés et se ruent par centaines vers l'endroit en question pour y diriger le travail de réparation. Si nécessaire, ils changent d'activité et endossent une autre fonction, celle de fabriquer un tissu connecteur afin de lier les tissus ensemble. Dans quasi toute plaie ouverte, contusion ou coupure ouverte, ils se font tuer en grand nombre tandis qu'ils s'efforcent de réparer et de refermer fidèlement la blessure. Un manuel de physiologie décrit brièvement ce processus comme suit :

« Lorsque la peau est blessée, les globules blancs forment un nouveau tissu à la surface, tandis que l'épithélium se répand par-dessus à partir des bords, stoppant ainsi le développement et mettant fin au processus de guérison. »

Il semble n'y avoir aucun centre particulier dans le corps autour duquel l'intelligence tourne. Chaque cellule semble être un centre d'intelligence et sait quelles sont ses fonctions partout où elle se place et partout où nous la trouvons. Chaque citoyen de la république cellulaire est une existence indépendante intelligente et tous travaillent ensemble pour le bien-être de tous. Nulle part nous ne trouvons de sacrifice plus absolu des vies individuelles pour le bien-être général de tous que dans la république cellulaire. Les résultats ne peuvent s'obtenir autrement ni à moindre coût de sacrifice individuel. Il est donc nécessaire à leur existence sociale. Le principe du sacrifice individuel pour le bien commun a été accepté et consenti par les cellules comme une bonne chose et comme étant leur fonction commune répartie impartialement entre elles. Elles réalisent leur travail et les fonctions qui leur sont allouées indépendamment de leur propre bien-être individuel.

Thomas Edison[32] dit : « Je crois que nos corps sont constitués de myriades d'unités de vie. Notre corps n'est pas lui-même l'unité de vie ou une unité de vie. Laissez-moi vous donner comme exemple le R. M. S. Mauretania[33].

---

32. **Thomas Edison** (1847-1931) est reconnu comme l'un des inventeurs américains les plus importants. Fondateur de General Electric, un des premiers empires industriels mondiaux, pionnier de l'électricité, il fut également diffuseur, « popularisateur » et perfectionneur de technologies d'avant-garde, inventeur du téléphone, du cinéma et de l'enregistrement du son.
33. Le superliner **R.M.S. Mauretania** était doté d'un propulseur avancé qui lui offrait plus de vitesse et qui lui permettait d'éviter les torpilles allemandes. En 1914, il servit pour le transport des troupes britanniques, canadiennes et américaines, et comme navire-hôpital.

La Cause et l'Effet

« Le Mauretania n'est pas en lui-même une chose vivante – ce sont les hommes qui s'y trouvent qui sont vivants. S'il échoue sur la côte, par exemple, les hommes en sortent. Lorsque les hommes en sortent, cela signifie simplement que les « unités de vie » quittent le navire. De même, un homme n'est pas « mort » parce que son corps est enterré et que le principe vital, c'est-à-dire les « unités de vie », a quitté le corps.

« Tout ce qui appartient à la vie est toujours vivant et ne peut être détruit. Tout ce qui appartient à la vie est toujours soumis aux lois de la vie animale. Nous avons des myriades de cellules. Ce sont les habitants de ces cellules, qui eux-mêmes dépassent les limites du microscope, qui vivifient notre corps.

« Pour le dire d'une autre manière, je crois que ces unités de vie dont j'ai parlé se regroupent en des millions et des milliards illimités afin de constituer un homme. Nous avons supposé avec trop de complaisance que chacun d'entre nous est lui-même une unité. Cela est faux, j'en suis convaincu, même d'après le microscope à haute puissance. Nous avons ainsi supposé que l'unité est l'homme que nous pouvons voir et nous avons ignoré l'existence des unités de vie réelles, celles que nous ne pouvons voir.

« Aucun homme aujourd'hui ne peut définir la limite entre le commencement et la fin de " la vie ". Même dans la formation des cristaux, nous observons un plan de travail précisément agencé. Certaines solutions formeront toujours un genre particulier de cristal, sans aucune variation. Il n'est pas impossible que ces entités de vie travaillent dans le minéral et dans le végétal comme dans ce que nous appelons le monde « animal ».

Nous avons fait la connaissance du chimiste, de son laboratoire, de son système de communication.

Qu'en est-il du produit? Nous vivons à une époque très pratique, une époque de mercantilisme si je peux dire. Si le chimiste ne produit rien de valeur, rien qui ne puisse être converti en argent, nous ne sommes pas intéressés.

Mais, heureusement, le chimiste dans ce cas-ci produit un article qui a la plus haute valeur commerciale connue de l'homme.

La relation de cause à effet

Il fournit la seule chose que tout le monde demande, quelque chose qui peut rapporter partout et en tout temps. Ce n'est pas un actif stagnant. Au contraire, sa valeur est reconnue sur tous les marchés.

Ce produit, c'est la pensée. La pensée gouverne le monde. La pensée gouverne chaque gouvernement, chaque banque, chaque industrie, chaque personne et tout ce qui existe. Et elle se différencie de tout le reste simplement et uniquement du fait de la pensée.

Chaque personne est ce qu'elle est du fait de son mode de pensée, et les hommes et les nations diffèrent les uns des autres uniquement parce qu'ils pensent différemment.

En quoi consiste la pensée alors? La pensée est le produit du laboratoire chimique que possède chaque individu pensant. C'est la fleur, l'intelligence combinée qui résulte de tous les processus de pensées antérieurs. C'est le fruit qui contient le meilleur de tout ce que l'individu a à donner.

La pensée n'a rien de matériel, et cependant personne n'abandonnerait sa capacité de penser pour tout l'or de la chrétienté. Elle est bien plus précieuse que tout ce qui existe. Comme elle n'est pas matérielle, elle doit être spirituelle. C'est ici que réside l'explication de la merveilleuse valeur de la pensée. La pensée est une activité spirituelle. En réalité, c'est la seule activité que l'esprit possède. L'esprit est le principe créateur de l'Univers. Comme toute partie doit être identique en nature et en qualité au tout, et que la seule différence qui puisse exister est une différence de degré, la pensée doit être créatrice également.

L'énergie rayonnante, qu'elle soit consciemment ou inconsciemment dégagée par le corps, devient la voie de soutien des impressions sensorielles qui retournent vers les centres de perception et y établit des réactions qui sont interprétées par ces centres selon leur stade de développement du soi. Ils interprètent ces messages exactement comme ils sont reçus, sans tenter de les « penser » ou de les analyser. Le processus est aussi mécanique que l'impression faite par les rayons actiniques du Soleil sur une plaque photographique.

La Cause et l'Effet

Le principe général de préservation d'une idée correspond vibratoirement à tous les autres phénomènes de la nature. Chaque pensée cause des vibrations qui continueront à s'étendre et à se contracter en cercles d'ondes, comme les ondes produites par une pierre jetée dans une mare. Les ondes d'autres pensées peuvent la neutraliser ou elle peut finalement succomber à sa propre inanition.

La pensée mettra instantanément en mouvement le magnétisme spirituel le plus fin. Ce mouvement sera communiqué aux densités plus lourdes et plus grossières et affectera finalement la matière physique du corps.

La vie n'est pas créée – elle EST tout simplement. L'ensemble de la nature est animé de cette force que nous appelons la « vie ». Les phénomènes de la vie sur ce plan physique, qui nous concerne principalement, sont produits par l'involution de « l'énergie » dans la « matière », et la matière est elle-même une involution de l'énergie.

Mais lorsque le stade de la matière est atteint dans le processus d'involution de la nature, la matière commence alors à élaborer des formes sous l'action qu'elle subit et qu'elle contient. De sorte que la croissance et la vie résultent d'une intégration simultanée de matière et d'énergie. L'évolution commence avec la forme la plus inférieure de matière et opère de manière ascensionnelle grâce aux processus de raffinement pour servir de matrice d'énergie.

L'idée prévaut que la lumière et la chaleur nous arrivent du lointain Soleil sur une distance de 148 800 000 km. Si c'était vrai, tout l'espace serait inondé de lumière et aucune étoile ne serait jamais visible, car les étoiles ne sont pas visibles dans la lumière.

Le Soleil est une grande dynamo de 1 385 600 km de diamètre environ. Il tourne sur son axe comme les planètes. Il envoie des courants électromagnétiques à travers tout l'espace solaire, qui couvre quelque neuf milliards de kilomètres d'un bout à l'autre et n'est qu'un des milliers de systèmes similaires de soleils et de planètes, nombre d'entre eux étant bien plus importants, tous s'avançant dans l'espace et tous se déplaçant autour d'un centre commun.

Il est clair dès lors que plutôt que de donner de la lumière et de la chaleur, le Soleil émet de l'énergie électrique uniquement. Cette énergie entre en contact avec l'atmosphère de la Terre sous la forme de rayons. Comme la Terre tourne sur elle-même à la vitesse incroyable de plus de mille six cents kilomètres à heure à sa circonférence, l'atmosphère qui entre en contact avec les rayons du Soleil provoque une friction qui produit à la fois lumière et chaleur.

Étant donné que la Terre tourne à une vitesse constamment décroissante au fur et à mesure que nous atteignons les pôles, la friction diminue. Nous découvrons dès lors moins de lumière et moins de chaleur lorsque nous nous rapprochons des pôles, jusqu'à atteindre les pôles où nous observons peu de lumière et peu de chaleur. Ce que nous appelons « lumière » apparaît uniquement dans l'atmosphère et non hors d'elle, et seulement dans la partie de l'atmosphère qui est tournée vers le Soleil.

Nous savons que plus nous nous élevons de la Terre, plus l'atmosphère se raréfie. Il y a par conséquent moins de friction et dès lors moins de lumière et moins de chaleur.

Étant donné que les rayons directs de l'énergie électrique du Soleil n'atteignent que la partie de la Terre qui est tournée vers le Soleil, la lumière n'apparaît que de ce côté. L'autre côté de la Terre étant détourné du Soleil, il n'y a pas de friction et par conséquent pas de lumière. Mais, comme la Terre tourne sur son axe à la vitesse considérable de quelque mille six cents kilomètres à l'heure, l'atmosphère entre progressivement en contact avec les rayons électriques du Soleil et la lumière apparaît progressivement. Plus les rayons frappent la Terre perpendiculairement, plus la friction est forte, plus la lumière est vive et plus la chaleur est importante. Ces phénomènes solaires, nous les appelons le « matin », le « midi » et le « soir ».

Au fur et à mesure que la Terre poursuit son long voyage autour du Soleil, elle s'éloigne graduellement et les rayons ne frappent pas la Terre avec la même force. Il y a dès lors moins de friction et moins de chaleur. Ces phénomènes, nous les appelons l'« été » et l'« hiver ».

Ce fluide solaire est l'atmosphère éthérée, ou l'éther, et est limité au système solaire. C'est la voie de transmission des puissances qui créent les diverses planètes. Il contient en solution les éléments de base de toute vie et de toute pensée.

Cet éther est le seul fluide potentiel suffisamment subtil pour transporter les vibrations délicates qui sont constamment diffusées à la radio et qui pénètrent le fer, le bois, l'acier et toute autre barrière, et qui ne sont pas limitées par le temps ou l'espace.

Chaque planète est également une dynamo électrique et vitale, mais la nature des vibrations que les planètes émettent dépend de la nature particulière de chaque planète ainsi que de sa position toujours changeante dans le zodiaque. Ces émanations sont constamment imprimées sur tous les mondes de notre système par la conductivité parfaite de l'éther solaire.

Le Soleil n'est pas seulement la source de l'énergie électrique grâce à laquelle lumière et chaleur se développent. Il est la source de la vie elle-même. Aucune vie ne pourrait exister sur cette planète sans le magnétisme énergisant et vivifiant dérivé du Soleil. Tandis que la Terre s'approche du Soleil au printemps, nous en voyons le résultat dans la myriade de plantes et de fleurs et dans la verdure qui couvre les champs. La force vivifiante devient visible partout.

L'effet de cette influence se voit dans le tempérament des gens qui habitent le globe. Lorsque les rayons perpendiculaires atteignent les gens, nous observons une disposition « radieuse », optimiste et enjouée, mais plus nous atteignons l'extrême nord où l'absence de lumière et de chaleur fait de la vie un combat, plus nous trouvons des personnes aux humeurs sombres et mélancoliques.

Nous découvrons ainsi que le Soleil, mais également Vénus, Mars, Saturne, la Lune et toutes les autres planètes diffusent leurs propres caractéristiques particulières. Cette influence est à son tour reflétée dans le caractère de ceux qui entrent sous l'influence de ces vibrations.

La relation de cause à effet

Si la nature de l'énergie que propage le Soleil est conforme à sa nature intrinsèque, de même, la nature des vibrations émises par les planètes est en accord avec leur nature intrinsèque.

Vénus a longtemps été considérée comme le Dieu de l'amour, de sorte que les traits de ceux qui entrent sous son influence sont affectueux, sympathiques, raffinés et satisfaits. Mars a longtemps été considéré comme le Dieu de la guerre et son influence est dès lors courageuse, aventureuse, agressive et intrépide. L'influence de la Lune est réfléchie, réceptive et productive. De Mercure : intellectuelle, accomplie, compétente et intelligente. De Jupiter : généreuse, philanthrope, morale, charitable et sincère. De Saturne : prudente, circonspecte, patiente et réservée. D'Uranus : originale, ingénieuse, talentueuse et intuitive. De Neptune : idéaliste, mystique, inspirée et curieuse.

Comme nous tombons tous sous l'influence de chacune de ces planètes à un certain degré, nous manifestons tous nombre de ces caractéristiques à un certain degré.

Outre l'influence des planètes particulières, il y a l'influence des diverses combinaisons de planètes. Celles-ci sont généralement divisées en signes cardinaux, fixes et mutables.

L'influence du signe cardinal consiste à stimuler les forces latentes en action, à promouvoir le changement et à créer l'initiative.

L'influence du signe fixe concerne la stabilité. La personne peut être lente et laborieuse, mais elle sera persévérante. Elle ne connaîtra aucune défaite. Elle se concentrera sur un point et le poursuivra jusqu'à son terme. Son zèle sera presque fanatique.

L'influence du signe mutable est la souplesse et le changement. Cette influence est purement mentale ou spirituelle et procure détermination et incitation à agir.

Le type cardinal est actif, le mutable est agité et le fixe est rigide. Comme la réussite matérielle repose sur l'action, les facteurs substantiels du travail dans le monde sont dérivés de ce type. Étant donné que la stabilité est un facteur nécessaire dans d'importantes entreprises industrielles, le type fixe partage

La Cause et l'Effet

fréquemment le succès matériel et financier avec le type cardinal. Le type mutable est contraire à l'effort. Il veut l'aventure, le changement, le voyage. Par conséquent, c'est l'organisateur qui met en contact le fabricant et l'inventeur. C'est le vendeur, et l'intermédiaire, et l'agent qui négocie entre l'acheteur et le vendeur.

C'est également le sensible, et il réagit plus vivement aux expériences de la vie. Il porte la charge la plus lourde parce qu'il ressent davantage les choses. Il participe aux questions de la vie dans une plus grande mesure, car il porte son propre fardeau mais également le fardeau de ceux qui l'entourent. Les plus grandes possibilités de déploiement, de compréhension et de développement intérieures accompagnent toujours le sensible. Le sensible utilise la raison, mais également l'imagination, la vision, l'intuition et la perspicacité.

Les types fixes sont généralement des matérialistes qui se satisfont des possessions et des réalisations objectives. Ils utilisent leur raison et s'intéressent uniquement à ce qui peut être mesuré ou à ce qui peut être vu, senti et manipulé. Ce sont des « acteurs » plutôt que des rêveurs et ils sont totalement stables. Ils remplissent de nombreuses positions responsables avec un grand succès et sont des membres précieux de la société.

Aucun type n'est supérieur aux autres. Les types sont simplement différents. Tous sont nécessaires.

Chaque planète a son propre taux vibratoire, et son influence sur la terre dépend de l'angle qu'elle forme, certains angles provoquant l'accélération ou la diminution, l'amplification ou le retardement des vibrations.

Il a été découvert que ces angles des influences planétaires produisent des effets tout aussi certains et définis que les divers angles en chimie.

Ainsi, les sept planètes donnent les sept rayons ou vibrations ou tonalités, et la terre est l'organe sur lequel ces notes sont jouées. L'harmonie ou la disharmonie qui en résulte est l'influence que nous appelons « bien » ou « mal », selon que l'effet est agréable ou l'inverse.

La relation de cause à effet

C'est l'opération de ces influences apparemment différentes qui a donné aux Romains l'idée du dualisme ou d'un Univers renfermant deux forces, l'une bonne, l'autre mauvaise, qu'ils ont ultérieurement personnalisées et appelées « Dieu » et « Satan », ce qui a engendré une grande confusion de pensée.

Nous savons maintenant qu'il n'y a qu'un seul pouvoir universel et que le fonctionnement de ce pouvoir est parfait. Ce pouvoir se manifeste en une diversité infinie. La forme disparaît et une nouvelle forme apparaît. Mais c'est une unique substance cosmique infinie et cette substance n'est que la manifestation d'un seul principe cosmique.

Tel est le laboratoire dans lequel la nature combine à jamais les forces spirituelles qui se traduisent en une diversité infinie partout, car toutes sont « parties d'un tout prodigieux ».

Certains semblent penser que, par la seule force de leur volonté, ils peuvent contraindre cette loi; qu'ils peuvent semer une sorte de graine et, par leur seule « volonté », lui faire porter les fruits d'une autre sorte. Mais, l'idée de forcer l'acquiescement de nos souhaits par le pouvoir de la volonté individuelle est une conception renversée qui peut sembler réussir pendant un moment, mais qui finalement est condamnée à l'échec, parce qu'elle contrarie le pouvoir même qu'elle cherche à utiliser.

LA MÉDECINE

« La méthode psychique a toujours joué un rôle important bien que largement méconnu dans la thérapeutique. C'est de la foi – qui soutient les esprits, permet au sang de circuler plus librement, les nerfs jouant leur rôle sans perturbation – que découle une grande partie de toute guérison. Le découragement ou le manque de foi feront souvent sombrer la constitution la plus robuste presque aux portes de la mort. La foi permettra à un placebo fait de mie de pain ou à une cuillerée d'eau claire d'opérer des miracles de guérison alors que les meilleurs médicaments furent abandonnés en désespoir de cause. La base de la profession tout entière de la médecine repose sur la foi dans le médecin et dans ses médicaments et ses méthodes. »

Le développement de la communication radio est en grande partie à l'origine du coup de fouet donné à l'imagination de la science et à la naissance d'une idée qui, il y a quelques années, aurait été considérée révolutionnaire et subversive au sein de toutes les traditions médicales établies.

Charles Richet, professeur de psychologie à l'université de Paris, montre la voie aux vigoureux scientifiques d'avant-garde qui explorent maintenant la frontière des sens. Dans une allocution récente donnée devant le Congrès international des physiologistes à Edimbourg et citée par *The Lancet*, journal médical britannique de renom, le Dr Richet dit :

« La thèse que je souhaite soutenir et prouver par la méthode expérimentale est que la connaissance de la réalité peut être obtenue par d'autres moyens que les canaux sensoriels ordinaires. Tout le monde sait que le monde extérieur nous est accessible par nos sens : par la vision, l'ouïe et le toucher, et dans une certaine mesure par l'odorat et le goût. Nous ne connaissons aucun autre mode. L'opinion universelle affirme que nous ne pouvons avoir de notion de la réalité qui nous entoure qu'à travers nos cinq sens, et que tout fait nous est à jamais inconnu à moins que le son, le toucher ou la vision ne nous l'ait révélé. Telle est l'idée classique et populaire. Elle est formelle et exclusive, et n'a jamais été démontrée. Admettre que la connaissance d'un événement puisse arriver à notre conscience par d'autres moyens que ceux de nos sens est un procédé audacieux et révolutionnaire, et cependant telle est la thèse que je vais soutenir.

« L'accès à notre intelligence subconsciente des vibrations mystérieuses est un phénomène inhabituel, mais c'est un phénomène qui ne contredit rien. C'est une nouvelle vérité, c'est tout. Et cette nouvelle vérité s'accorde merveilleusement aux notions étonnantes que la physique moderne nous ouvre. En ce moment, je ne peux entendre de concert dans cette salle. Ni vous, d'ailleurs. Vous pourriez même affirmer qu'il n'y a pas de vibration musicale ici. Quelle erreur! Si l'on plaçait un récepteur sans fil ici, nous entendrions tous immédiatement le concert qui a lieu à cinq kilomètres d'ici, voire à cent soixante kilomètres peut-être. Le récepteur prouve que les vibrations sont présentes. Il en va de même pour les mystérieuses voies de la conscience. Elles ne nous atteignent pas, mais elles existent. Il suffit d'une personne sensible, en d'autres termes d'un récepteur, pour découvrir qu'elles sont réelles. N'hésitez pas à accepter ce nouveau fait : des vibrations inconnues frappent l'intelligence et lui apportent une connaissance inattendue.

« Les physiologistes et les médecins peuvent-ils affirmer qu'ils ont fait le tour de la physiologie du cerveau : qu'il n'y a rien d'autre à découvrir à son sujet et qu'ils ont délimité tous les modes de vibration dont il est capable? Le cerveau est une machine bien plus compliquée que ce que nous avons coutume d'envisager dans notre innocence. Pourquoi cette merveilleuse machine ne serait pas capable de recevoir des vibrations qui passent inaperçues de la conscience?

« Notre problème serait plus simple, et les médecins avec leur vaste connaissance et leur splendide service auraient résolu le problème il y a bien longtemps, s'il s'était agi d'un problème purement physique. Malheureusement, c'est un problème mental bien avant qu'il ne devienne physique. En continuant à exercer notre capacité de réponse, nous allons découvrir qu'il est nécessaire que nous nous occupions de nos pensées et de nos émotions si nous voulons établir fermement la santé en nous.

« Par exemple, il est communément reconnu que toute inquiétude ou excitation émotionnelle négative continue désorganise la digestion. Lorsque la digestion est normale, le sentiment de faim s'arrête et est inhibé lorsque nous avons mangé suffisamment. Nous n'avons plus faim jusqu'à ce que nous ressentions un réel besoin de nourriture. Dans ce cas, notre centre inhibant fonctionne correctement. Mais si nous sommes dyspepsiques, ce centre inhibant cesse de fonctionner et nous avons faim tout le temps. Nous avons dès lors tendance à surcharger un appareil digestif déjà affaibli. L'humanité expérimente continuellement ce genre de petites perturbations. Elles sont strictement locales et n'attirent que peu l'attention du grand centre. Elles vont et viennent – et c'est bien ainsi – sans trop attirer l'attention de l'organisme dans son ensemble. Mais si des troubles se sont développés à partir d'une cause profondément enracinée qui ne peut être aisément supprimée, une maladie de nature plus grave s'ensuit. Dans de telles circonstances, en raison de cette gravité et de cette longue durée, le trouble implique toutes les parties de l'organisme et peut menacer sa vie même. Lorsqu'elle atteint ce point, si l'administration au grand centre est vigoureuse, déterminée et sage, la perturbation ne peut perdurer longtemps. Mais s'il y a faiblesse en ce centre, l'ensemble de la fédération peut s'écrouler avec fracas. »

La Cause et l'Effet

Le Dr Henry Lindlahr[34] dit que « la philosophie de la naturopathie présente un concept rationnel du mal-être, de sa cause et de son but : le mal-être est provoqué par la violation des lois de la nature. Il a un but correcteur et ne peut être surmonté que grâce au respect de la loi. Aucune souffrance, maladie ou mal de quelque sorte que ce soit ne peut exister à moins qu'il n'y ait eu transgression de la loi ».

Ces transgressions peuvent être attribuables à l'ignorance, à l'indifférence ou à l'obstination et à la malveillance. L'effet sera toujours proportionnel aux causes.

La science de la vie et de la guérison naturelle montre clairement que ce que nous appelons « maladie » est essentiellement l'effort que fait la nature pour éliminer une substance pathologique et pour restaurer les fonctions normales du corps. Que les processus de la maladie sont tout aussi méthodiques à leur manière que tout autre chose dans la nature. Que nous ne devons ni les empêcher de se produire ni les supprimer, mais bien coopérer avec eux. Ainsi, nous apprenons lentement, mais laborieusement, cette leçon capitale : « l'obéissance à la loi » est le seul moyen de prévenir la maladie et le seul traitement qui soit.

La loi Fondamentale de la guérison, la loi de l'action et de la réaction, et la loi de la crise telles qu'elles sont révélées par la philosophie de la naturopathie, impriment en nous la vérité qu'il n'y a rien d'accidentel ou d'arbitraire dans les processus de la santé, de la maladie et des guérisons. Que toute condition changeante est soit en harmonie soit en désaccord avec les lois de notre être. Que ce n'est qu'en nous abandonnant et en obéissant complètement à la loi que nous pouvons la maîtriser, et atteindre et maintenir la santé physique parfaite.

Dans notre étude de la cause et du caractère de la maladie, nous devons nous efforcer de commencer au commencement, c'est-à-dire à la VIE elle-même. Car les processus de la santé, de la maladie et de la guérison sont les manifestations de ce que nous appelons la « vie » et la « vitalité ».

---

34. **Henry Lindlahr**, M. D., est le fondateur de la naturopathie scientifique aux États-Unis. C'est le plus grand des pionniers du mouvement de la guérison par la nature.

La médecine

Il existe deux conceptions répandues, mais qui diffèrent largement, sur la nature de la vie ou la force vitale : la conception matérielle et la conception vitale.

La première considère la vie ou la force vitale, avec tous ses phénomènes physiques, mentaux et psychiques, en tant que manifestation des activités électriques, magnétiques et chimiques des éléments physicomatériels qui composent l'organisme humain. De ce point de vue, la vie est une sorte de « combustion spontanée » ou, comme un scientifique l'a exprimé, une « succession de fermentations ».

Cette conception matérialiste de la vie est déjà dépassée parmi les biologistes les plus avancés du fait des découvertes de la science moderne qui comblent rapidement le gouffre entre les domaines matériel et spirituel de l'être.

La conception vitale de la vie ou de la force vitale, d'autre part, la considère comme la force première de toutes les forces, provenant de la source centrale de tout pouvoir.

Cette *force*, qui imprègne, réchauffe et anime l'Univers créé tout entier, est l'expression de la volonté divine, du Logos, du Verbe, de la grande intelligence créatrice. C'est cette énergie divine qui met en mouvement les tourbillons dans l'éther, de même que les corpuscules et les ions électriques qui composent les différents atomes et éléments de la matière.

Ces corpuscules et ces ions sont des formes positives et négatives de l'électricité. L'électricité est une forme d'énergie. C'est une énergie intelligente, sinon elle ne pourrait circuler avec cette merveilleuse précision constante au sein des électrons des atomes, tout comme dans les soleils et les planètes de l'univers sidéral.

Si cette suprême intelligence retirait son énergie – les charges électriques (des formes d'énergie) – et avec elle les atomes et les éléments, alors l'univers matériel tout entier disparaîtrait en un instant.

À partir de là, il apparaît que, plutôt que d'être la source de la vie et de tous ses phénomènes mentaux et spirituels complexes, la matière brute n'est qu'une expression de la force vitale, elle-même étant une manifestation de la grande intelligence créatrice que certains appellent Dieu, d'autres la nature, l'âme suprême, brahmâ, prana, etc., chacun selon sa compréhension.

C'est ce suprême pouvoir et cette suprême intelligence agissant dans et à travers chaque atome, molécule et cellule du corps humain, qui constitue le véritable guérisseur, ce *vis medicatrix naturae* qui s'efforce toujours de réparer, de guérir et de restaurer le genre parfait. Tout ce que le médecin peut faire, c'est supprimer les obstructions et établir un état normal chez le patient pour permettre au pouvoir intérieur de réaliser son œuvre au mieux.

En dernière analyse, toutes les choses de la nature – de la pensée ou de l'émotion fugace au morceau de diamant ou de platine le plus dur – sont des modes de mouvement ou de vibration. Il y a quelques années, la science physique supposait qu'un atome était la partie la plus petite imaginable d'un élément de matière donné. Que même infinitésimalement petit, il représentait malgré tout de la matière solide. Aujourd'hui, à la lumière d'une meilleure preuve, nous avons de bonnes raisons de croire qu'il n'y a pas de matière solide. Que chaque atome est constitué de charges électriques négatives et positives agissant dans et sur un éther omniprésent. Que la différence entre un atome de fer et un atome d'hydrogène, ou tout autre élément, réside uniquement dans le nombre de charges ou de corpuscules électriques qu'il contient et dans la vitesse avec laquelle ceux-ci vibrent les uns autour des autres.

Ainsi, l'atome, qui était considéré comme la particule ultime de la matière solide, s'avère être un petit univers en lui-même, dans lequel des corpuscules d'électricité tournent ou vibrent les uns autour des autres tels les soleils et les planètes dans l'univers sidéral. Ceci explique ce que nous voulons dire lorsque nous affirmons que la vie et la matière sont vibratoires.

Ce que nous appelons la « nature inanimée » est belle et ordonnée parce qu'elle joue juste et qu'elle suit la partition de la symphonie de la vie. Seul l'homme peut jouer faux. C'est là son privilège, ou son malheur, selon ce qu'il choisit étant donné sa liberté de choix et d'action.

Nous pouvons maintenant mieux comprendre les définitions de la santé et de la maladie proposées comme suit dans le catéchisme de la naturopathie :

« La santé est la vibration normale et harmonieuse des éléments et des forces qui composent l'entité humaine sur les plans physique, mental, moral et spirituel de l'être, conformément au principe constructif de la nature appliqué à la vie individuelle.

« La maladie est la vibration anormale ou disharmonieuse des éléments et des forces qui composent l'entité humaine sur un ou plusieurs plans de l'être, conformément au principe destructeur de la nature appliqué à la vie individuelle. »

La question qui se pose naturellement ici est : « Vibration normale ou anormale par rapport à quoi ? » En voici la réponse : les conditions vibratoires de l'organisme doivent être en harmonie avec les relations harmoniques établies par la nature dans les domaines physique, mental, moral, spirituel et psychique de la vie et de l'action humaine.

LA MÉDECINE MENTALE

ans *The Law of Mental Medecine*, Thomson Jay Hudson[35] dit :

« Comme toutes les lois de la nature, la loi de la médecine mentale est universelle dans son application. Et, comme toutes les autres, elle est simple et se comprend aisément. Étant donné qu'il existe une intelligence qui contrôle les fonctions du corps en santé, c'est ce même pouvoir ou énergie qui échoue en cas de maladie. Lorsqu'il échoue, il a besoin d'aide. Et c'est ce que toutes les actions thérapeutiques visent à accomplir. Nul médecin intelligent d'une école quelconque ne revendique pouvoir faire davantage que " d'aider la nature " à restaurer les conditions normales du corps. »

Personne ne nie le fait que c'est une énergie mentale qui a ainsi besoin d'aide. Car la science nous enseigne que le corps tout entier est composé d'une confédération d'entités intelli-

---

35. **Thomson Jay Hudson** (1834-1903), examinateur en chef de l'office des brevets des États-Unis et chercheur psychique, est connu pour ses trois lois des phénomènes psychiques éditées en 1893. Il écrivit entre autres *The Law of Mental Medecine* (La loi de la médecine mentale).

gentes, chacune d'elles exécutant ses fonctions avec une intelligence exactement adaptée à la réalisation de ses fonctions particulières comme membre de la confédération. Car, il n'y a pas de vie sans esprit, depuis l'organisme unicellulaire le plus inférieur jusqu'à l'homme. Par conséquent, c'est une énergie mentale qui anime chaque fibre du corps sous toutes ses conditions. Qu'il existe une intelligence centrale qui contrôle chacun de ces organismes mentaux est évident en soi.

Que cette intelligence centrale soit simplement la somme de toutes les intelligences cellulaires de l'organisme tout entier, comme les scientifiques matérialistes le soutiennent, ou qu'elle soit une entité indépendante capable de maintenir une existence distincte une fois le corps mort, est une question qui ne nous concerne pas dans l'élaboration de la présente étude. Il nous est suffisant de savoir qu'une telle intelligence existe et que, pour l'instant, elle constitue l'énergie déterminante qui régit généralement l'action des myriades de cellules dont le corps se compose.

Il s'agit donc d'un organisme mental que toutes les actions thérapeutiques sont vouées à stimuler lorsque, pour une cause quelconque, il échoue à exécuter ses fonctions relativement à une partie de la structure physique. Les actions thérapeutiques mentales constituent donc les voies principales et normales de stimulation de l'organisme mental. En d'autres termes, les actions mentales opèrent plus directement que les autres sur un organisme mental, car elles le font de manière plus intelligible. Bien que les agents physiques ne soient en aucun cas exclus étant donné que toutes les expériences montrent qu'un organisme mental répond aux stimulus physiques tout autant que mentaux. Tout ce que nous pouvons déclarer raisonnablement, c'est qu'en thérapeutique, un stimulus mental est nécessairement plus direct et plus positif dans ses effets qu'un stimulus physique, toutes autres choses étant égales, pour la simple raison qu'il est intelligent d'une part et intelligible de l'autre. Il doit être remarqué cependant qu'il est évidemment impossible d'éliminer totalement la suggestion mentale même dans l'administration de remèdes matériels. Les extrémistes prétendent que

La médecine mentale

l'effet global des remèdes matériels est attribuable au facteur de la suggestion mentale, mais cela semble indéfendable. Tout ce que nous pouvons déclarer avec certitude, c'est que les remèdes matériels, lorsqu'ils ne sont pas préjudiciables en eux-mêmes, constituent des formes de suggestions intéressantes et légitimes et, en tant que tels, sont investis d'une certaine puissance thérapeutique tout comme dans l'administration d'un placebo. Par ailleurs, que les remèdes soient matériels ou mentaux, ils doivent directement ou indirectement donner de l'énergie à l'organisme mental qui contrôle les fonctions corporelles. Sinon, les effets thérapeutiques produits ne peuvent être permanents.

Dès lors, la valeur thérapeutique, de toutes les actions réparatrices, matérielles ou mentales, est proportionnelle à leurs pouvoirs respectifs de produire un effet de stimulation de l'esprit subjectif vers un état d'activité normale, et un effet de direction de ses énergies dans les canaux appropriés. Nous savons que la suggestion remplit cette condition plus directement et plus positivement que tout autre agent thérapeutique connu. Et c'est la seule chose à faire pour restaurer la santé dans tous les cas qui sortent du domaine de la chirurgie. C'est tout ce qui peut être fait. Aucun pouvoir dans l'Univers ne peut faire davantage que donner de l'énergie à l'organisme mental qui est le siège et la source de la santé au sein du corps. Un miracle ne pourrait rien faire de plus.

Le Dr Thomas Smith Clouston[36], dans son allocution inaugurale à la Société royale de médecine en 1896, dit :

« J'aimerais ce soir établir ou faire valoir un principe qui, je crois, n'est pas suffisamment considéré et souvent pas considéré du tout, dans la médecine pratique et la chirurgie. Il se fonde sur une base physiologique et est de la plus haute importance. Ce principe est que le cortex cérébral, et plus particulièrement le cortex mental, occupe une telle position dans l'administration du corps qu'il doit être plus ou moins considéré comme un facteur de bien ou de mal dans toutes les maladies de tous les organes, dans toutes les opérations et dans toutes les lésions.

---

36. **Thomas Smith Clouston** (1840-1915) était un éminent psychiatre d'Edimbourg.

Physiologiquement, le cortex est le grand régulateur de toutes les fonctions, le contrôleur toujours actif de chaque perturbation organique. Nous savons que tous les organes et toutes les fonctions sont représentés dans le cortex, et ils le sont de manière à pouvoir tous être mis en relation correcte et en harmonie les uns avec les autres. Ainsi, ils peuvent tous être convertis en une unité vitale à travers lui.

« La vie et l'esprit sont les deux facteurs de cette unité organique qui constitue un véritable organisme animal. Le cortex mental de l'homme est le sommet de la pyramide évolutionniste dont la base est composée des pyramides grouillantes des bacilles et autres germes monocellulaires que nous voyons maintenant régner presque partout dans la nature. Il semble que tel était le but théologique de toute l'évolution depuis le commencement. En lui, tous les autres organes et toutes les autres fonctions trouvent leur but organique. Dans sa structure histologique – pour ce que nous en savons déjà – il dépasse de loin en complexité tous les autres organes.

« Lorsque nous connaîtrons entièrement la structure de chaque neurone, avec ses centaines de fibres et ses milliers de dendrites, et la relation d'un neurone avec l'autre, lorsque nous pourrons démontrer l'appareil cortical destiné à l'intercommunication universelle de l'énergie nerveuse, avec sa solidarité absolue, sa localisation partielle et ses merveilleux arrangements pour l'esprit, le mouvement, la sensibilité, la nutrition, la réparation et le drainage – lorsque nous connaîtrons entièrement tout ceci, il n'y aura plus de doute sur la prédominance du cortex cérébral dans la hiérarchie organique, ni sur sa suprême importance dans la maladie. »

The Lancet décrit un cas du Dr Barkas. Il s'agit d'une dame qui souffrait soi-disant d'une maladie de tous les organes, avec des douleurs partout, qui avait essayé tous les modes de guérison possibles et qui fut finalement guérie de manière expérimentale par la thérapeutique mentale pure et simple. Assurée qu'elle allait mourir et qu'une certaine médecine la guérirait infailliblement à condition qu'elle soit administrée par une infirmière expérimentée, une cuiller à soupe d'eau pure distillée lui fut administrée à la seconde près, à 7, 12, 17 et 22 heures, avec une attention scrupuleuse. En moins de trois semaines, toute douleur avait cessé, tous les maux furent et demeurèrent guéris. C'est une expérience précieuse qui exclut tous remèdes matériels quels qu'ils soient et qui prouve que c'est le facteur mental seul qui guérit. Cependant, celui-ci peut généralement être associé aux remèdes matériels.

Le Dr Morrison d'Edimbourg découvrit qu'une dame qui souffrait de violentes attaques hystériques constantes avait donné sa main à un homme et son cœur à un autre. Une petite discussion directe et sensée offrit, dans ce cas-ci, un substitut agréable à l'eau distillée administrée dans l'autre cas, et la patiente n'a plus jamais eu d'attaque.

Plusieurs semblent penser que seuls les maladies nerveuses ou fonctionnelles sont guéries par les méthodes mentales ou spirituelles, mais Alfred T. Schofield[37], M. D., raconte dans *The Force of Mind*:

« Dans la longue liste de deux cent cinquante cas connus de maladies guéries, nous trouvons cinq " consomptions ", une " hanche malade ", cinq " abcès ", trois " dyspepsies ", quatre " affections internes ", deux " ulcères de la gorge ", sept " faiblesses nerveuses ", neuf " rhumatismes ", cinq " cœurs malades ", deux " bras atrophiés ", quatre " bronchites ", trois " cancers ", deux " bras paralysés ", trois " vues faibles ", une " hernie ", cinq " maux de tête ". Et ce sont là les résultats d'une année de soins donnés dans un petit dispensaire du nord de Londres.

« Qu'en est-il des « guérisons » à domicile et des stations thermales européennes, avec leur ronde éternelle d'eaux et de bains de souffre et de fer?

« Est-ce que le médecin rattaché à la station thermale croit au plus profond de son cœur que toutes les guérisons qu'il certifie joyeusement dans ces cas sont attribuables aux effets des

---

37. **Alfred T. Schofield** (1846-1929) fut un éminent psychologue ayant écrit de nombreux documents sur la thérapeutique mentale et la suggestion, dont le livre *The Force of Mind* (*La force de l'esprit*).

eaux, voire des eaux et du régime, voire des eaux, du régime et de l'air? Ne pense-t-il pas qu'il doit y avoir « autre chose »? Et pour nous rapprocher du domicile et pénétrer au centre de toutes choses et de la chambre de tous ses secrets : dans son propre cabinet de consultation et dans sa propre pratique, le médecin n'est-il pas confronté aux guérisons et aux maladies dont il ne peut expliquer la cause? Et n'est-il pas souvent surpris de trouver que le traitement qui émane des médecins locaux se révèle efficace lorsqu'il est poursuivi par son auguste personne? Et le médecin local n'est-il pas surpris et écœuré de découvrir que c'est le cas?

« Tout médecin pratique doute-t-il réellement de ces pouvoirs mentaux? N'est-il pas conscient de l'ingrédient « foi » qui, s'il est ajouté aux ordonnances, les rend souvent à jamais toutes puissantes? A-t-il expérimenté la valeur de ses paroles lorsqu'il affirme fortement que le médicament va produire tels et tels effets, affirmation utilisée comme puissant moyen de les garantir?

« Si, dès lors, ce pouvoir est si bien connu, pourquoi au nom du sens commun est-il ignoré? Il a ses lois d'action, ses limites, ses pouvoirs pour le bien et pour le mal. Cela n'aiderait-il pas clairement l'étudiant en médecine que ces pouvoirs lui soient indiqués par ses professeurs légitimes, plutôt qu'il ne doive les glaner avec hésitation à partir des succès indubitables de la grande armée des irréguliers?

« Nous sommes enclins à penser qu'après tout une révolution silencieuse se produit lentement dans l'esprit des médecins et que nos manuels actuels sur la maladie, qui prescrivent purement et simplement que tous les traitements mentaux sont dénués de considération sérieuse, seront en leur temps remplacés par d'autres qui contiendront des vues plus dignes du siècle dans lequel nous vivons. »

L'« ORTHOBIOSE »

Virgile dit : « Heureux celui qui a trouvé la cause des choses. »

C'est Ivan Metchnikoff[38] qui, après ses investigations dans le physique, tenta d'appliquer l'éthique à la vie pour que la vie puisse être vécue à fond, ce qui constitue la véritable sagesse. Il appela cet état l'« orthobiose ». Metchnikoff soutenait que le but de la science était de débarrasser le monde de ses fléaux, par l'hygiène et d'autres mesures de prophylaxie.

« Notre mode de vie, dit madame Metchnikoff transcrivant l'idée de son mari, devra être modifié et dirigé conformément aux données rationnelles et scientifiques si nous voulons traverser le cycle normal de la vie – l'orthobiose. La poursuite de cet objectif influencera à jamais la base de la morale. L'orthobiose ne peut être accessible à tous, à moins que la connaissance, la rectitude et la solidarité se développent parmi les hommes et que les conditions sociales soient plus agréables. »

---

38. Dans les années 1900, **Ivan Metchnikoff**, l'un des plus grands biologistes russes, se pencha assidûment sur le problème du vieillissement et de la mort et composa les règles de comportement qui prolongent la vie. Il développa un système d'orthobiose ou système de vie saine.

Comme toutes facultés, la foi a un centre grâce auquel elle fonctionne – la glande pinéale. La foi est par conséquent physique, tout comme la maladie peut être spirituelle. L'esprit et le corps ne sont que des parties d'un tout glorieux. Le traitement de la maladie nécessite l'utilisation de la force cosmique. Et qui va dire que cette force – que nous l'appelions Dieu, nature, âme suprême, brahmâ, *vis medicatrix naturae*, prana, Logos ou volonté divine – ne se manifeste pas à travers des moyens matériels tout autant que spirituels?

« Platon, nous affirme le Dr Butler[39], dit que l'homme est une plante enracinée dans les cieux et nous convenons également de ceci : qu'il est également enraciné dans la terre. » En réalité, on peut dire de l'homme qu'il a deux origines, l'une terrestre et physique, l'autre spirituelle, bien que la première trouve son origine dans la deuxième, de sorte que finalement son origine est unique...

« L'homme est un organisme. Thomas De Quincey[40] définit un organisme comme un groupe de parties qui agissent sur le tout, le tout agissant à son tour sur toutes les parties. C'est simple et c'est vrai.

« Il est paradoxal que l'esprit, bien que partie principale et généralement déterminante des actions et des réactions d'un organisme humain, ait été négligé par la médecine formelle comme cause première de quasi tous les troubles corporels non produits par la contagion. Mais ces dernières années, l'auto-intoxication et les perturbations des glandes endocrines ont bénéficié d'une considération accrue. Leurs opérations sont graduellement retracées jusqu'à des origines dépassant le corps physique, et sont précisément localisées dans les états d'esprit. Ces états entrent dans le champ du diagnostic. L'art médical éclairé les soumet au traitement. »

---

39. Voir page 25.
40. **Thomas De Quincey** (1785-1859) était un écrivain britannique. Les Confessions d'un mangeur d'opium anglais lui assurèrent la célébrité de son vivant et un rang honorable dans l'histoire de la littérature anglaise de l'époque romantique. Après le succès des confessions, il produisit plus de deux cents articles de magazine sur des matières s'étendant de la philosophie et de l'histoire à l'esthétique, aux sciences économiques, à la critique littéraire et à la politique contemporaine.

L'« orthobiose »

L'influence de l'esprit sur le corps fut reconnue même des anciens, depuis Hippocrate déjà et probablement bien avant lui. Henri de Mondeville[41], au XIVe siècle, approuvait la coutume qui consistait à réciter certains versets des psaumes lors de la prise d'un médicament. Il n'était pas non plus contre les pèlerinages entrepris pour retrouver la santé – il soutenait que cela ne pouvait faire aucun mal et soulignait l'importance des potentialités de bien-être. La valeur de l'exercice physique fourni lors d'un pèlerinage, exécuté généralement à pied et la plupart du temps en plein air, n'est plus à souligner. De nombreux traitements de la léthargie et de l'obésité, au Moyen Âge et plus tard, durent leur efficacité à l'insistance de célèbres médecins qui exigeaient de leurs patients, peu importe leur fortune ou leur statut social élevé, qu'ils arrivent de leur demeure à pied, en toute humilité, et qui refusaient de leur accorder un traitement dans le cas contraire.

L'affirmation suivante est attribuée à Ignace de Loyola[42] : « Faites tout ce que vous pouvez dans l'idée que tout dépend de vous, puis espérez les résultats comme si tout dépendait de Dieu. »

On découvrira que les représentants les plus sensés, les plus catholiques et les plus libéraux de chaque école de guérison admettent la valeur des autres écoles et les limites de la leur propre. Le guérisseur responsable du futur, qui respecte vraiment sa vocation honorable, utilisera toutes les actions constructives et bénéfiques à la disposition de la science. Ainsi, un éminent occultiste disait :

« Dans les cas de déplacement, de déboîtement ou d'os cassés, le moyen le plus rapide d'obtenir un soulagement consiste à envoyer la personne chez un médecin compétent ou chez un anatomiste qui ajustera le membre ou l'organe blessé. Dans les

---

41. **Henri de Mondeville** (1260-1320) était un célèbre chirurgien de Philippe le Bel d'origine normande.
42. **Ignace de Loyola** (1491-1556) a été le fondateur et premier supérieur général de la Compagnie de Jésus, congrégation catholique reconnue par le pape Paul III en 1540 et qui prit une importance considérable dans la réaction de l'église catholique aux XVIe et XVIIe siècles, quant à l'ébranlement causé par la Réforme protestante.

cas de ruptures des vaisseaux sanguins ou des muscles, l'aide d'un chirurgien doit être immédiatement recherchée. Non pas parce que l'esprit n'est pas capable de traiter l'un ou l'ensemble de ces cas, mais du fait qu'au moment présent, même parmi les personnes les plus instruites, l'esprit se révèle souvent impuissant du fait de sa mauvaise utilisation ou faute d'utilisation. Un traitement mental suivra ces traitements physiques afin de prévenir toute souffrance inutile et d'obtenir un rétablissement rapide. »

Nous ne pouvons que citer sir William Osler[43] :

« Le salut de la science réside dans la reconnaissance d'une nouvelle philosophie – la *scientia scientiarum* dont parle Platon : " Lorsque toutes ces études atteindront le point d'intercommunion et de connexion l'une avec l'autre et finiront par être envisagées dans leurs affinités mutuelles, alors je crois, et pas avant, que leur poursuite sera précieuse. " » – *The Old Humanities and the New Science*[44]

Les scientifiques supposent qu'il n'y a qu'une seule substance et, par conséquent, la science qu'ils en déduisent est la science de cette substance et d'aucune autre. Cependant, ils sont confrontés au fait que leur substance unique est différenciée et que, lorsqu'ils arrivent à son degré le plus fin comme le bioplasme, ils se retrouvent confrontés à l'opération de lois supérieures à celles qu'ils connaissent ou qu'ils peuvent expliquer convenablement.

Toutefois, nombre de scientifiques dotés d'une vision plus large commencent à entrevoir une « quatrième dimension » et reconnaissent l'existence potentielle de degrés de matière dé-

---

43. **Sir William Osler** (1849-1919), premier baronnet du nom était un médecin canadien qui exerça au Canada, aux États-Unis et en Angleterre. Considéré comme le père de la médecine moderne, Osler fut à la fois médecin, clinicien au diagnostic réputé, anatomopathologiste, enseignant, bibliophile, historien, essayiste, conférencier, organisateur et auteur.
44. *The Old Humanities and the New Science* – Discours présidentiel lu par sir William Osler devant la Classical Association à Oxford en mai 1919.

L'« orthobiose »

passant totalement les tests chimiques et les lentilles microscopiques.

Nous sommes à l'aube d'un nouveau jour. Le téléphone, le télégraphe et le système sans fil entrent dans l'usage courant et il est maintenant possible d'utiliser toutes les voies d'information et de connaissance. Bientôt, le malade pourra bénéficier de tout ce qui est connu dans l'art de la guérison. C'est une question de temps seulement.

Le médecin perd fréquemment son patient parce qu'il refuse de reconnaître la nature spirituelle du patient, et que certaines lois fondamentales régissent le monde spirituel et que ces lois continuent à opérer qu'il les reconnaisse ou pas. Le métaphysicien, quant à lui, perd fréquemment son patient parce qu'il refuse de reconnaître que le corps du patient est la manifestation matérielle de l'esprit en lui et que l'état du corps n'est qu'une expression de l'esprit.

Cet iconoclasme n'est que le résultat d'un certain conservatisme à la fois humain et naturel. La sagesse des années aidant, bientôt, plus personne ne pourra éviter de voir que le microbe n'est pas que la cause de la maladie, mais bien le résultat de la maladie, que la bactérie est le résultat de l'eau impure et non la cause de l'eau impure, et de même pour tout le reste.

Ce que nous pouvons voir, manipuler ou toucher n'est jamais la cause, mais bien toujours l'effet. Si nous avons pour but de simplement substituer une forme de douleur par une autre, nous allons continuer à traiter les effets et les effets uniquement, mais si nous avons pour but d'apporter un remède, nous allons rechercher la seule cause par laquelle tous les effets sont portés à exister, et cette cause ne sera jamais découverte dans le monde des effets.

Dans la nouvelle ère, les états émotionnels et mentaux anormaux seront immédiatement détectés et corrigés. Le tissu en cours de destruction sera éliminé ou reconstruit par les méthodes constructrices dont dispose le médecin. Les lésions anormales seront corrigées par la manipulation. Mais, au-dessus de tout ceci règnera l'idée première et essentielle, l'idée dont dépendront tous les résultats, l'idée qu'aucune pensée disharmonieuse ou destructrice ne sera autorisée à atteindre le patient. Toute pensée pour lui ou à son sujet sera constructive car chaque médecin, chaque infirmière, chaque aide, chaque proche parent saura finalement que les pensées sont des choses spirituelles qui cherchent toujours à se manifester et qu'aussitôt qu'elles trouvent un sol fertile, elles se mettent à germer.

Toutes les pensées ne s'expriment pas dans le monde objectif et plus particulièrement dans la santé et l'environnement du patient. En effet, tous les patients n'y sont pas sensibles. Mais, lorsque le patient découvre que ces hôtes invisibles sont chargés de dons précieux, ces hôtes reçoivent un accueil royal. Cet accueil sera subconscient parce que les pensées des autres sont reçues subconsciemment.

L'esprit conscient reçoit la pensée uniquement à travers les organes de la perception qui constituent son mode de contact avec le monde objectif, c'est-à-dire les cinq sens : la vue, l'écoute, le toucher, le goût et l'odorat.

La pensée subconsciente est reçue par n'importe quel organe du corps. Pensez au mécanisme fourni qui peut objectiver, et objective réellement, la pensée reçue. Tout d'abord, les millions de chimistes cellulaires toujours prêts et attendant de mettre en œuvre toutes les instructions reçues. Ensuite, le système de communication global composé d'un vaste système nerveux sympathique atteignant chaque fibre de l'être et prêt à répondre à la moindre émotion de joie ou de peur, d'espoir ou de désespoir, de courage ou d'impuissance.

Ensuite, l'usine de fabrication complète qui comprend une série de glandes où sont fabriquées toutes les sécrétions nécessaires aux chimistes pour la mise en œuvre des instructions données.

Ensuite, il y a le « département » d'approvisionnement qui envoie constamment une réserve d'oxygène, d'azote et d'éther dans chaque partie de l'être. La merveille de tout ceci c'est que cet éther contient en solution tout ce qui est nécessaire à l'utilisation du chimiste, car l'éther contient dans leur forme primaire

L'« orthobiose »

– et la nourriture, l'eau et l'air dans leur forme secondaire – tous les éléments nécessaires aux chimistes pour la production d'un homme parfait.

Pourquoi dès lors ces chimistes ne produisent-ils pas un spécimen humain parfait ? La réponse est simple : les prescriptions constituées des pensées reçues par le subconscient ne demandent rien de la sorte. En réalité, elles demandent généralement l'inverse.

Le subconscient est également pourvu d'un équipement complet d'élimination des déchets et des matériaux inutiles, de même que d'un « département » de réparation totale. Outre ceci, il existe un système sans fil global grâce auquel le subconscient est branché à toutes les autres entités subconscientes qui existent.

Généralement, nous ne sommes pas conscients du fonctionnement de ce système sans fil, mais la même chose est vraie concernant le fonctionnement du système de Marconi. Des messages de toutes sortes qui nous concernent tous peuvent exister, mais sans amplificateur nous ne recevons aucun message. Il en va de même de notre système sans fil subconscient. Si nous ne tentons pas de coordonner le conscient et le subconscient, nous ne pouvons nous rendre compte que le subconscient reçoit constamment des messages d'un certain type et que, tout aussi constamment, il objective les messages dans notre vie et dans notre environnement.

Tel est le mécanisme conçu et planifié par le Créateur lui-même, qui a été placé sous la supervision du subconscient plutôt que de l'esprit conscient. Mais n'oublions pas que le subconscient – et son mécanisme merveilleux – peut être contrôlé et dominé par le conscient lorsque ce dernier s'accorde à l'esprit universel, où tout ce qui est ou fut à jamais ou sera à jamais est contenu en solution en attendant d'advenir et de se manifester dans la forme.

La Cause et l'Effet

Chaque jour qui naît dans le monde arrive comme une explosion de musique et retentit tout au long de la journée. Et vous allez en faire une danse, un chant funèbre ou une marche pour la vie, à votre guise.

– Carlyle

LA BIOCHIMIE

La biochimie est une science qui s'intéresse aux processus vitaux et qui s'est prévalue de la théorie cellulaire et du principe de la divisibilité infinie de la matière. Elle utilise également la dose homéopathique. La dose doit être proportionnelle au patient, la cellule, car, comme Rudolf Virchow[45] l'a souligné, « l'essence de la maladie, c'est la cellule modifiée de façon pathogène ».

Le Dr Guillaume Henri Schuessler[46], l'auteur de la Biochimie, est arrivé à ses conclusions en étudiant les éléments, la nature et les fonctions du sang humain. Les cellules reçoivent leur nourriture, leur réserve vitale, le sang et la lymphe qui, à leur tour, dérivent leur approvisionnement des éléments absorbés sous la forme de la nourriture. Tout approvisionnement normal de ces éléments signifie la santé, toute déviation, une perturbation de la santé.

---

45. **Rudolf Virchow** (1821-1902), anatomiste allemand, fut spécialiste de la médecine cellulaire.
46. Le **Dr Guillaume-Henri Schuessler** (1821-1898) – médecin allemand, donna le nom de *biochimie* à une méthode d'application des sels inorganiques.

La Cause et l'Effet

Le Dr Schuessler a évalué à douze le nombre de combinaisons minérales dans le corps humain. Dans sa dernière édition datant de 1895, il a réduit ce nombre à onze. Les sels cellulaires indispensables sont : le chlorure de potassium, le phosphate de potassium, le sulfate de potassium, le chlorure de sodium, le phosphate de sodium, le sulfate de sodium, Le phosphate de calcium, le fluorure de calcium, le phosphore de magnésium, le phosphate ferrique, la silice.

Le lait contient tous ces éléments. D'autres aliments peuvent les fournir en combinaison. La crémation réduit le corps à ces éléments.

Chaque sorte de cellule nécessite un sel différent, ou une combinaison de sels différente, comme nourriture. Tout manque d'un de ces sels se manifeste par certains symptômes. Des sels tissulaires corrects, en proportions correctes, sont administrés pour supprimer les symptômes étant donné que la suppression des symptômes implique la suppression du besoin ou de la maladie dans la cellule.

Il convient de rappeler cependant que les cellules ne sont pas alimentées. Elles s'alimentent elles-mêmes. Et toute tentative de les forcer à accepter plus que ce dont elles ont besoin provoque un désastre. Elles acceptent volontiers ce qui leur est nécessaire et rejettent ce dont elles n'ont pas besoin.

La différence entre les cellules réside dans le type et dans la qualité des sels tissulaires inorganiques dont elles sont composées.

Dès lors, la santé requiert la quantité de sels cellulaires requise et tout manque d'un de ces sels tissulaires se traduit par une action cellulaire imparfaite et un tissu malade.

Le principe qui contrôle chaque manifestation formelle peut être résumé comme suit : « Dans la répartition et le regroupement des éléments qui constituent une chose réside la cause non seulement de sa forme, mais également de ses fonctions et de ses qualités. »

La biochimie

Le Dr Charles Wenworth Littlefield, auteur de *The Beginning and the Way of Life*[47], offre de très belles illustrations de l'application de cette loi dans le chapitre intitulé « Elements and Compounds of Nature », dans lequel il dit :

« Dans le cadre et l'application de ce principe de regroupement des électrons, en tant que loi de l'origine des éléments, des molécules, des tissus, des organes et des formes, on trouvera une solution pratique à tous les problèmes de la biologie, depuis l'origine et la différenciation des espèces jusqu'à l'ensemble des modifications de la forme et des configurations de silhouette qui marquent les individus de personnalités caractéristiques, à la fois physiques et mentales. Il est bien connu en chimie que la molécule est la plus petite partie de toute substance, susceptible d'exister séparément tout en conservant ses propriétés. Étant donné que la nature de la molécule est déterminée par les polarités, le nombre et l'arrangement des « électrons » qui la composent, et étant donné que l'ensemble des structures des règnes minéral, végétal et animal est moléculaire, en dernière analyse le regroupement et la répartition des « électrons » négatifs et positifs dans la molécule déterminent à leur tour la nature et les conditions physiques de la forme, qu'elles soient parfaites ou imparfaites. La difformité, les appréciations et les aversions personnelles ne sont que des questions d'équilibre ou de déséquilibre « électronique » résultant de l'approvisionnement ou du manque d'approvisionnement des formes de molécules qui composent l'organisme. Seule l'image créée par le mental et l'esprit de l'homme, cependant, peut fabriquer ce regroupement de molécules pour parfaire la forme humaine. Dès lors, pour amener l'humanité à un état de perfection primitive, il est non seulement nécessaire que le même matériau préparé de la même manière soit fourni, mais également que l'environnement des forces soit identique à celui utilisé par l'Esprit créateur au commencement.

---

47. **Charles Wentworth Littlefield,** dans son livre *The Beginning and the Way of Life* (*Le commencement et le fonctionnement de la vie* – 1919), démontra l'activité génératrice de vie présente dans le règne minéral, avec des formes de vie organiques qui jaillissent réellement de la matière inorganique!

La Cause et l'Effet

« Depuis lors, nous sommes capables de tracer chaque forme élémentaire de matière jusqu'à un regroupement précis d'électrons négatifs et positifs, c'est-à-dire selon leurs nombres et leurs arrangements variés. Et comme nous découvrons que la vie se manifeste à travers diverses formes déterminées par différents groupements de molécules – par la loi de la composition – et puisqu'il est rationnel de placer l'Esprit divin derrière ce processus physique, notre supposition que des images des choses vivantes créées par l'Esprit divin ont précédé leur développement physique se justifie. Par conséquent, dans la science ultime de l'être, l'idéalisme est plus probable que le matérialisme. Mais, si l'esprit peut ainsi exister seul dans le domaine de la cause, dans le domaine des phénomènes nous avons toujours un parallélisme psychophysique, un réalisme, où tout doit être expliqué par le mental et la matière, mais pas par l'un des deux. Alors que l'entité spirituelle qui constitue le véritable soi peut très bien être supposée semblable à l'Esprit suprême, en tant qu'image mentale particulière de celui-ci dans la ligne de transmission ayant le pouvoir de choisir et dès lors d'agir de manière indépendante, elle est indiscutablement limitée par les conditions corporelles, comme l'entité spirituelle du joueur est limitée par son instrument.

Dans *The Chemistry of Human Life*, le Dr George W. Carey[48] dit :

« La soi-disant maladie n'est ni une personne, ni un endroit, ni une chose. »

Les symptômes de la sensation appelée « maladie » sont le résultat d'un manque de matériau – une déficience dans les molécules dynamiques qui exécutent la procédure ordonnée de la vie. L'effet de la déficience cause des sensations désagréables, des douleurs, des exsudations, des tuméfactions ou un tissu qui chauffe du fait du mouvement accru du sang.

---

48. **George W. Carey** (1845-1924), M. D. – *The Chemistry of Human Life* (*La chimie de la vie humaine*) a offert un énoncé biochimique de la cause de la maladie et des opérations physiologiques et chimiques des sels inorganiques de l'organisme humain ainsi que de leurs formules chimiques.

La biochimie

Le mouvement accru est l'effort que la nature, ou la loi chimique, réalise pour restaurer l'équilibre avec l'aide des molécules diminuées des constructeurs du sang. Par la loi de la conservation de l'énergie, le mouvement accru est transformé en chaleur. Nous appelons cet effet la « fièvre ».

La *biochimie* signifie la « chimie de la vie ou l'union des substances inorganiques et organiques grâce à laquelle de nouveaux composés sont formés ».

Dans sa relation avec la soi-disant maladie, ce système utilise les sels inorganiques, appelés « sels cellulaires » ou les « constructeurs de tissus ».

Les parties qui composent le corps humain sont des principes parfaits, c'est-à-dire l'oxygène, l'hydrogène, le carbone, le calcium, le fer, le carbonate de potassium, le sodium, la silice, le magnésium, etc. Ces éléments, ces gaz, etc., sont parfaits *en soi*, mais ils peuvent être continuellement diversifiés par la combinaison, tout comme les planches, les briques ou les pierres servant à ériger un bâtiment.

Les symptômes, appelés « maladies », disparaissent ou cessent de se manifester lorsque la nourriture demandée est fournie.

Le corps humain est le réceptacle d'un accumulateur. Il fonctionne toujours correctement si les produits chimiques sont présents en quantité et en combinaison correcte, tout aussi sûrement qu'une automobile roule bien lorsqu'elle est chargée et approvisionnée des ingrédients nécessaires à sa vibration ou à son mouvement.

Les sels cellulaires sont présents dans l'ensemble de notre alimentation et sont ainsi apportés dans le sang où ils réalisent le processus de la vie. Par la loi de l'affinité chimique, ils entretiennent la matérialisation de la forme humaine et des fonctions corporelles. Lorsqu'une déficience se produit chez l'un de ces ouvriers du fait de la non-assimilation de la nourriture, d'une piètre action du foie ou du processus digestif, la dématérialisation du corps commence. Ainsi, la maladie est une déficience de certains constituants chimiques qui soutiennent la chimie de la vie.

La Cause et l'Effet

Les biochimistes ont montré que l'alimentation ne forme pas le sang, mais qu'elle fournit simplement sa base minérale en libérant les sels inorganiques ou sels cellulaires contenus dans tout aliment. La partie organique, l'huile, la fibrine, l'albumen, etc., contenue dans la nourriture est brûlée ou digérée dans l'estomac et dans le conduit intestinal et elle fournit la force motrice qui fait fonctionner la machine humaine et attire l'air dans les poumons, et de là dans les artères, c'est-à-dire dans les transporteurs de l'air.

Par conséquent, il est clairement prouvé que l'air (l'esprit) s'unit aux minéraux et forme le sang, ce qui prouve que l'huile, l'albumen, etc., trouvés dans le sang, sont créés à chaque respiration. Augmentons le taux d'activité des cellules du cerveau en fournissant plus de molécules dynamiques du sang appelées sels minéraux ou sels cellulaires de calcium, de carbonate de potassium, de sodium, de fer, de magnésium, de silice, et nous percevons mentalement des vérités que nous ne pourrions percevoir à des taux de mouvement plus lent ou plus naturel, même si le taux le plus bas peut manifester la santé ordinaire.

L'homme naturel ou les choses naturelles doivent s'élever du niveau naturel au niveau surnaturel pour pouvoir recevoir les nouveaux concepts latents qui attendent d'être reconnus.

Par ce processus régénérateur, des millions de cellules dormantes du cerveau sont réveillées et mises en opération. Dès lors, l'homme ne voit plus « au travers d'un verre, obscurément », mais avec « l'œil de la compréhension spirituelle. »

Avant tout, sois loyal envers toi-même,
Et, aussi infailliblement que la nuit suit le jour,
Tu ne pourras être déloyal envers quiconque.

Il est démontré dans les énigmes et les afflictions de la vie,
Il est enseigné par le remords et ses douleurs secrètes
Que celui qui provoque le chagrin chez autrui
Un jour, à son tour, doit verser des larmes.

La biochimie

Du passé le présent jaillit éternellement;
Vous pouvez semer ce que vous voulez, mais demain vous
Apportera la récolte, pour vous montrer que ce qui définit les choses,
C'est la graine que vous avez choisie de semer!

LA SUGGESTION

Harry Brooks décrit la visite très intéressante et très instructive qu'il effectua à la clinique du Dr Émile Coué[49] dans un livre intitulé *The Practice of Autosuggestion* édité par Dodd, Mead & Co. La clinique est située dans un agréable jardin rattaché à la maison du Dr Coué au bout de la rue Jeanne d'Arc à Nancy. Harry Brooks[50] raconte qu'à son arrivée la pièce réservée aux patients était déjà bondée, mais que de nouveaux arrivants impatients tentaient malgré tout d'y accéder constamment. Les appuis de fenêtre du rez-de-chaussée avaient été assaillis et un nœud dense s'était formé dans l'entrée. Les patients occupaient chaque siège disponible et s'étaient assis sur des chaises de camping et des chaises pliantes.

Il raconte ensuite les nombreuses guérisons remarquables que le Dr Coué s'est mis à opérer uniquement en suggérant au patient que le pouvoir de guérison réside dans le patient lui-

---

49. **Émile Coué** (1857-1926) est un psychologue et un pharmacien français qui introduisit une méthode de psychothérapie, de guérison et de développement personnel basée sur l'autosuggestion optimiste.
50. **Harry Brooks** écrivit le livre *The Practice of Autosuggestion* (*La pratique de l'autosuggestion*) en 1922 suivant ses propres observations et les remarques de Coué.

même. Il y avait également une clinique pour enfants dirigée par mademoiselle Kauffmant qui vouait tout son temps à cette œuvre.

Harry Brooks pense que les découvertes de Émile Coué peuvent profondément toucher notre vie et notre éducation parce qu'elles nous apprennent que les fardeaux de la vie sont en grande mesure créés par nous. Nous reproduisons en nous-mêmes et dans nos circonstances les pensées de notre mental. Cela va plus loin. Cela nous offre le moyen de changer ces pensées lorsqu'elles sont mauvaises et de les encourager lorsqu'elles sont bonnes, et d'améliorer ainsi notre vie individuelle. Mais le processus ne s'arrête pas à l'individu. Les pensées de la société se concrétisent dans les conditions sociales, dans les pensées de l'humanité, dans les conditions mondiales. Quelle serait l'attitude vis-à-vis de nos problèmes sociaux et internationaux d'une génération nourrie depuis l'enfance de la connaissance et de la pratique de l'autosuggestion ? Si chaque personne trouvait le bonheur dans son propre cœur, l'avidité illusoire de la possession survivrait-elle ? L'acceptation de l'autosuggestion occasionne un changement d'attitude, une réévaluation de la vie. Si nous faisons face à l'ouest, nous ne voyons que nuages et obscurité, mais en tournant simplement la tête nous accueillons la vision du vaste panorama offert par le coucher de soleil.

Le *New York Times* daté du 6 août 1922 publiait un excellent portrait d'Émile Coué et un compte-rendu de son œuvre par Van Buren Thorne, M. D. Celui-ci y dit que la note dominante du système de traitement des maux mentaux et physiques conçu et élaboré par Émile Coué de Nancy en France se décrit en un seul paragraphe :

« L'individu possède deux esprits dénommés le " conscient " et l'" inconscient ". Le deuxième est appelé par certains psychologues l'" esprit subconscient " et est littéralement l'humble et l'obéissant serviteur de l'esprit conscient. L'esprit inconscient est le directeur et le contremaître de notre système de gestion interne. Son activité permet l'exécution des processus de digestion et d'assimilation des aliments, la réalisation des réparations, l'élimination des déchets, le fonctionnement de nos organes vitaux et la continuation de la vie elle-même. Dès qu'une pensée surgit dans l'esprit conscient exigeant des efforts supplémentaires pour la réparation d'une déficience physique ou mentale, tout ce que l'individu a à faire, selon le Dr Coué, c'est d'énoncer à haute voix cette pensée sous la forme d'une suggestion directement adressée à l'esprit inconscient et cet humble serviteur obéissant, sans remettre en question les ordres de son maître conscient, se met immédiatement à suivre les instructions.

Émile Coué, Harry Brooks et bon nombre de personnes réputées en France, en Angleterre et ailleurs en Europe, ont déclaré rien de moins que merveilleux les résultats obtenus sur de nombreux cas qu'ils ont directement observés. Ceux qui n'ont pas été témoins des avantages de cette forme de traitement – et qui peuvent ainsi être enclins au scepticisme – seront plus susceptibles d'accorder leur attention à ce qui suit une fois informés de trois faits concernant la pratique de Nancy. Premièrement, le Dr Coué n'a jamais accepté un sou pour ses traitements tout au long de ses nombreuses années de soins. Deuxièmement, il a l'habitude d'expliquer à ses patients qu'il ne possède aucun pouvoir de guérison, qu'il n'a jamais guéri personne de sa vie et qu'ils doivent trouver les instruments de leur propre bien-être en eux-mêmes. Troisièmement, que tout individu peut se traiter lui-même sans consulter aucune autre personne.

Il peut être ajouté ici qu'un enfant capable de comprendre le fait de l'esprit conscient et subconscient, et capable d'émettre des ordres de l'un à l'autre, est tout à fait capable de s'auto-administrer un traitement.

« Car, qui est-ce qui connaît ce qui *est* en l'homme, si ce n'est l'esprit de l'homme qui *est* en lui? », cite Harry Brooks comme titre de sa page à partir de la première épître aux Corinthiens. Nul doute que celle-ci fut sélectionnée comme référence biblique appropriée à l'existence des esprits conscient et inconscient. Mais ni le traitement, ni ce livre qui le concerne, ne s'étend longuement sur la signification religieuse potentielle des méthodes employées ou des résultats obtenus.

La Cause et l'Effet

La seule chose qui a contribué largement à la diffusion rapide des connaissances relatives au mode de pratique du Dr Coué à Nancy est son insistance sur les avantages qui découlent de la répétition fréquente de cette formule : « Tous les jours, à tous points de vue, je vais de mieux en mieux ». Comme je l'ai souligné, aucun accent important n'est placé sur la signification religieuse de ses guérisons présumées. Et, cependant, Harry Brooks déclare que « les esprits religieux qui souhaitent associer la formule au soin et à la protection de Dieu peuvent le faire selon ce mode : « Tous les jours, à tous points de vue, avec l'aide de Dieu, je vais de mieux en mieux ». Le secret du succès de ce traitement, c'est qu'il suscite tellement la confiance de l'esprit conscient que ce qu'il répète est accepté pour argent comptant par l'esprit inconscient, et comme Harry Brooks le dit : « Toute idée qui entre dans l'esprit conscient, si elle est acceptée par l'inconscient, est transformée par lui en une réalité et forme désormais un élément permanent dans notre vie ».

Mais voyons comment ce livre a été écrit et observons ensuite le Dr Coué au travail.

Harry Brooks est un Anglais qui s'est intéressé à l'œuvre du Dr Coué à Nancy et qui s'y est rendu pour l'observer sur le terrain. Dans l'avant-propos de son volume, le Dr Coué dit que Harry Brooks a visité sa clinique plusieurs semaines l'été précédent et qu'il fut le premier Britannique à venir à Nancy dans le but exprès d'étudier les méthodes de l'autosuggestion consciente. Il assista aux consultations du Dr Coué et obtint la maîtrise totale de la méthode. Ensuite, les deux hommes établirent une grande partie de la théorie sur laquelle reposent les traitements.

Le Dr Coué dit que Harry Brooks a habilement saisi les principes essentiels et qu'il les a présentés dans le volume d'une manière à la fois simple et claire.

« C'est une méthode, dit le Dr Coué, que chacun devrait suivre – le malade pour obtenir la guérison, et la personne en bonne santé pour prévenir l'arrivée de la maladie à l'avenir. Par sa pratique, nous pouvons nous assurer durant toute notre vie un état de santé excellent, tout autant de l'esprit que du corps. »

La suggestion

Entrons maintenant avec Harry Brooks dans la clinique du Dr Coué. À l'arrière de la maison, il y a un agréable jardin de fleurs, des parterres de fraises et des arbres couverts de fruits. Des groupes de patients occupent les chaises de jardin. Il y a deux bâtiments de briques – les salles d'attente et de consultation. Celles-ci sont bondées de patients – hommes, femmes et enfants.

Coué se met immédiatement au travail. Le premier patient est un homme d'âge moyen à la silhouette frêle. Il peut à peine marcher et sa tête, ses jambes et ses bras tremblent exagérément. Sa fille le soutient. Coué l'invite à se lever et à marcher. Aidé d'une canne, il fait quelques pas en chancelant.

Coué lui dit qu'il va aller mieux et ajoute : « Vous avez semé une mauvaise graine dans votre inconscient. Maintenant, vous allez y semer une bonne graine. Le pouvoir avec lequel vous avez produit de tels effets néfastes va à l'avenir produire des effets positifs. »

« Madame, dit-il à une dame qui se lance dans un torrent de plaintes, vous pensez trop à vos maux et en y pensant, vous en créez de tout frais. »

Il dit à une fille qui souffre de maux de tête, à un jeune homme aux yeux enflammés et à un ouvrier qui présente des varices que l'autosuggestion doit apporter un soulagement complet. Il s'approche d'une jeune fille neurasthénique qui en est à sa troisième visite à la clinique et qui a pratiqué la méthode chez elle pendant dix jours. Elle dit qu'elle va mieux. Elle peut maintenant manger avec appétit, dormir profondément et elle commence à apprécier la vie.

Un grand et solide paysan, auparavant forgeron, éveille son attention. Celui-ci affirme ne pas pouvoir élever son bras droit au-dessus de son épaule depuis presque dix ans. Coué prédit une guérison totale. Pendant quarante minutes, il poursuit l'interrogatoire des patients.

Ensuite, il fait attention à ceux qui sont venus lui raconter les avantages qu'ils ont retirés du traitement. Voici une dame qui souffrait d'une tuméfaction douloureuse dans la poitrine diagnostiquée comme étant cancérigène par le médecin (erronément, selon Coué). Elle dit qu'elle s'est totalement rétablie avec un traitement de trois semaines. Une autre est venue à bout de son anémie et a pris cinq kilos. Un troisième dit qu'il s'est guéri de varices, tandis qu'un quatrième, bègue toute sa vie, annonce sa guérison complète en une seule séance.

Coué se tourne maintenant vers l'ancien forgeron et lui dit : « Pendant dix ans, vous avez pensé que vous ne pouviez pas lever votre bras au-dessus de votre épaule. Par conséquent, vous n'avez pas été capable de le faire, car tout ce que nous pensons devient vrai pour nous. Maintenant, pensez : " Je peux le lever ". »

L'homme semble sceptique, dit sans conviction « je peux », fait un effort et dit que cela lui fait mal.

« Gardez-le en l'air, commande Coué avec autorité, et pensez " Je peux, je peux ! " Fermez les yeux et répétez avec moi aussi vite que vous le pouvez : " ça passe, ça passe " (en français dans le texte) »

Après une demi-minute, Coué lui dit : « Maintenant, pensez bien que vous pouvez lever votre bras. »

« Je peux », dit l'homme avec conviction en le levant de tout son long et en le maintenant en l'air avec triomphe pour que tout le monde le voie.

« Mon ami, observe le Dr Coué calmement, vous êtes guéri. »

« C'est merveilleux », dit le forgeron abasourdi. « Je crois, oui. »

« Prouvez-le en me frappant à l'épaule », dit Coué. Sur ce, les coups tombent en séquence régulière.

« Assez ! », avertit Coué en grimaçant sous les coups magistraux. « Vous pouvez retourner à votre enclume. »

Il se tourne alors vers le premier patient, l'homme qui chancelle. Le malade semble empli de confiance par ce qu'il a vu. Sous les instructions de Coué, il se contrôle et en quelques minutes circule sans difficulté.

La suggestion

« Lorsque j'aurai terminé la consultation, dit Coué, vous viendrez courir dans le jardin. »

Et c'est ce qui se produit. Très vite, le patient se met à trotter à six kilomètres à l'heure le long de la clôture.

Coué procède alors à la formulation de suggestions spécifiques. Les patients ferment les yeux et Coué parle d'une voix lente et monotone. En voici un exemple :

« Dites-vous que tous les mots que je vais prononcer seront fixés, imprimés et gravés dans votre esprit. Qu'ils vont y demeurer fixés, imprimés et gravés de telle manière que, sans aucune volonté ni connaissance de votre part, sans que votre être ne soit conscient de ce qui se passe, vous-même et votre organisme tout entier y obéirez. Je vous dis d'abord que chaque jour, trois fois par jour, le matin, le midi et le soir, aux heures de repas, vous aurez faim. C'est-à-dire que vous ressentirez cette sensation agréable qui nous fait penser et dire : " Comme j'aimerais manger quelque chose ". Vous mangerez alors avec un excellent appétit en appréciant votre nourriture, mais vous ne mangerez jamais de trop. Vous mangerez la bonne quantité, ni trop ni trop peu, et vous saurez intuitivement lorsque ce sera suffisant. Vous mastiquerez votre nourriture minutieusement et la transformerez en pâte lisse avant de l'avaler. Dans ces conditions, vous la digérerez très bien et ne ressentirez plus aucun malaise, que ce soit dans l'estomac ou dans les intestins. L'assimilation sera parfaitement exécutée et votre organisme utilisera du mieux possible la nourriture pour créer sang, muscle, force, énergie : en un mot – la vie.

« Ils [le Dr Coué et mademoiselle Kauffmant], dit Harry Brooks, ont placé non seulement leurs moyens privés, mais leur vie tout entière au service des autres. Aucun d'eux n'accepte jamais un sou pour les traitements administrés et je n'ai jamais vu Coué refuser d'accorder un traitement à une heure incongrue à la suite de la demande d'une personne. La réputation de l'école s'est maintenant étendue dans toutes les contrées, non seulement de France, mais aussi d'Europe et d'Amérique. L'œuvre de Coué a pris de telles proportions qu'elle occupe son temps de quinze à seize heures par jour. C'est un monument vivant de l'efficacité de « l'autosuggestion induite ».

Dans *Regeneration*, Sidney A. Weltmer[51] dit :

« La dernière bataille dans laquelle la race s'est engagée est maintenant en cours. Ce n'est pas une bataille de canons et d'épées, mais un conflit d'idées. Elle ne va pas être destructrice, mais constructrice. Ce ne sera pas une guerre dévastatrice, mais une guerre qui va se révéler profondément satisfaisante. Elle ne va pas promouvoir la discorde mais assurer l'harmonie. Elle ne va pas unir la famille humaine dans des combinaisons et des associations, des loges et des congrégations, mais elle va individualiser la race. Chaque personne sera unique et reconnaîtra en elle-même tous les principes divins, et constituera de ce fait une partie du tout parfait.

« Lorsque l'homme se percevra ainsi, il verra que ce royaume en lui ne réside pas qu'en lui mais en tous les hommes. Nous devons supposer que le pouvoir de faire, d'agir ou d'exécuter le travail que nous donnons à exécuter à notre mental, existe dans le mental. Mais avant de confier ce travail au mental, nous devons avoir une conception claire de ce qu'il y a à faire. Afin de régénérer le corps, nous devons conclure ou supposer vrai que le pouvoir qui permet d'engendrer la vie et la santé est en nous. Nous devons savoir où vie et santé sont produites et comment les produire.

« Si nous pouvions le comprendre, si le voile de l'ignorance qui nous recouvre pouvait être ôté et si nous pouvions être autorisés à voir à l'intérieur de l'entrepôt de la connaissance tel le prophète ou le visionnaire, si seulement nous pouvions grimper jusque-là où Moïse s'est tenu et voir le créateur du paysage, si nous pouvions expérimenter la même chose que Paul à l'époque où il dit : " Je ne sais pas si j'étais dans le corps ou hors du corps ", nous serions capables de comprendre ce qu'il signifie par ses mots : " Ce que l'œil n'a pas vu et que l'oreille n'a pas entendu… " »

---

51. **Sidney A. Weltmer** – Fondateur de l'Institut Weltmer de la thérapeutique suggestive, il était à la fois professeur, hypnotiseur, guérisseur et mystique.

La suggestion

Le cerveau est l'organe grâce auquel nous communiquons nos pensées à d'autres organes de notre corps. Et nous recevons des impressions de l'extérieur au moyen de nos sens. Les grands hommes ont développé par de grandes pensées une qualité de cerveau plus fine que les autres. Ceci amène les gens à croire qu'un grand esprit est l'excroissance d'un cerveau raffiné alors que s'ils considéraient le cerveau comme n'importe quel autre organe du corps périssable, ils verraient que ce n'est que l'organe par lequel le mental trouve son expression.

Toutes les réalisations arrivent en séquences régulières, aussi méthodiquement que les mouvements du Soleil et des planètes. D'abord, nous désirons, deuxièmement, nous croyons, troisièmement, nous testons la croyance, quatrièmement, nous avons la connaissance.

Nous entretenons une croyance et la croyance entre dans notre esprit et nous contrôle. Un homme en proie à la pauvreté peut se libérer de ses chaînes s'il peut élever sa croyance.

Toute suggestion, pour avoir une influence déterminante, doit être positive et ne pas être troublée. Elle doit être considérée par la personne qui l'entretient comme une installation fixe dans sa vie, non soumise au changement ou à la modification.

Un autre mode d'application du principe de la suggestion est décrit par J. R. Seaward, de Hamilton dans le Montana. Il dit :

« Je suis âgé de 36 ans et j'ai une famille. Et elle se réjouit avec moi de me savoir libéré de l'utilisation du tabac. J'ai chiqué ou plutôt mangé cette herbe pendant quinze ans. Je ne comptais pas en former l'habitude lorsque j'ai commencé. Je pensais que cela me mènerait de la jeunesse à l'âge adulte. Une fois que l'habitude se fut développée en moi par des années de consommation sans résistance, je me suis découvert prisonnier d'une pieuvre qui grandissait lentement mais sûrement, qui me maintenait prisonnier de son étreinte et dont j'étais impuissant à me libérer. J'étais menuisier et j'offrais mes services de menuiserie. Tous les menuisiers savent qu'il y a quelque chose dans le bois de charpente qui donne envie à l'homme d'utiliser du tabac.

La Cause et l'Effet

Lorsque j'en fus arrivé à devoir chiquer tout le temps le tabac le plus fort que je pouvais trouver sans en être jamais satisfait, je commençai à me demander vers quoi je me dirigeais. Lentement, l'idée que j'étais devenu esclave de l'herbe m'apparut et je commençai à penser à diminuer mes prises ou à arrêter une fois pour toutes.

« Je vais maintenant vous expliquer comment ma chère épouse m'a coupé d'une vilaine habitude et nous convainquit tous deux du merveilleux pouvoir de la suggestion lorsqu'elle est correctement appliquée.

« À peu près au moment où je touchais le fond, je pris connaissance d'une certaine littérature racontant le pouvoir de la pensée dirigée. Je me suis intéressé à son étude et également à une littérature « inspirationniste » qui arriva plus tard à ma connaissance. J'étais plutôt sceptique, mais tandis que je lisais et pensais et commençais à en rechercher des preuves dans les événements de notre vie quotidienne et dans notre environnement, la vérité m'apparut tout doucement. Je commençais à voir et à savoir que les manifestations de la vie étaient alimentées de l'intérieur et se développaient de l'intérieur, et que si l'intérieur était dans un état de déchéance, cela se manifestait invariablement à l'extérieur. En fait, je sais maintenant que " l'Homme de Galilée " disait quelque chose de précieux dans ces paroles " car il est comme les pensées de son âme ". Si l'homme se pense comme un esclave du tabac ou d'autres habitudes détestables, c'est ce qu'il est. Il doit se penser libre pour demeurer libre une fois la liberté atteinte.

« Mais se penser sorti d'une habitude aussi intimement accrochée que la pensée elle-même est une question difficile à régler sans aide. À l'époque où nous avons tenté la suggestion afin d'éliminer mon habitude du tabac, je dormais dans une chambre avec l'un des enfants tandis que ma femme dormait dans une autre chambre avec notre plus jeune fils, âgé de huit mois. Comme il arrive souvent, elle devait se lever à certains moments de la nuit pour s'occuper du bébé et c'est à ces moments-là qu'elle me procura des traitements mentaux tandis que je dormais.

La suggestion

« Il n'est pas nécessaire de se trouver dans la même pièce même si c'est bien de l'être aussi. Pendant que je dormais, elle se visualisait ou se projetait mentalement debout ou à genoux près de mon lit, me parlant. Ses suggestions étaient de nature constructive et positive plutôt que négative. Elles disaient à peu près ceci : " Tu désires maintenant être libéré de l'habitude du tabac. Tu es libre, et tu désires et apprécies la maîtrise plus que la complaisance. Demain, tu ne voudras que la moitié environ de ta quantité normale de tabac et chaque jour tu en désireras moins, au point d'en être libre dans la semaine et de ne plus jamais ressentir de besoin maladif de tabac. Tu es un maître et tu es libre. "

« Elle me fit la suggestion énoncée ci-dessus, en substance, chaque fois qu'elle était éveillée durant la nuit et je vous fais le serment qu'en moins de six jours du moment où elle a commencé le traitement, j'ai complètement cessé d'avoir besoin de tabac et j'ai cessé de l'utiliser. Cela s'est passé il y a plusieurs mois et aujourd'hui je suis plus maître de mes habitudes de pensées, de paroles et d'actes que jamais auparavant dans ma vie. Je suis passé d'une épave nerveuse et trop maigre à un homme au poids correct, en pleine santé, fort, énergique et à la pensée claire, et quiconque me connaissait alors me trouve changé sur le plan de ma silhouette physique, de mon comportement et de mon caractère. Depuis ce moment, j'ai poursuivi l'étude et la pratique de la pensée constructive et dirigée. »

Vous savez que la télégraphie ou la téléphonie sans fil utilise un instrument appelé la « bobine de réglage » qui vibre en harmonie avec une onde ou une vibration électrique d'une certaine longueur. La bobine est accordée sur cette tonalité d'onde particulière et, par conséquent, toutes deux sont en harmonie et permettent à la vibration de se transmettre à l'autre instrument de réception sans encombre. D'autres vibrations sans fil d'une « tonalité » supérieure ou inférieure peuvent exister ou celles qui sont en harmonie sont enregistrées par le ton qui passe au même moment.

Notre mental fonctionne exactement de la même manière si ce n'est que nous réglons notre bobine de « réglage » à l'aide de notre mental. Nous pouvons « accorder » notre mental à des pensées vibratoirement basses telles que les impulsions animales de la nature, ou nous pouvons les « accorder » à des pensées de nature pédagogique ou mentale, ou nous pouvons, une fois que certaines qualifications sont atteintes, nous « accorder » pour ne recevoir que des vibrations de pensée purement spirituelles. Tel est le pouvoir divin donné à l'homme. Bien sûr, vous verrez aisément que jamais hutte primitive ou manoir moderne n'a été construit sans l'application de ce principe de pensée et de visualisation constructive dirigée.

Le point d'appui de la diplomatie en tous genres est la compréhension et l'utilisation habile de la suggestion. Lorsqu'elle est intelligemment utilisée, elle détend notre attention consciente, et échauffe et accélère le désir jusqu'à l'obtention d'une réponse favorable. Les vitrines et les comptoirs, de même que la publicité illustrée, reposent sur le pouvoir d'induire une suggestion dans le centre même du désir, où elle grandit jusqu'au point d'action si elle est en harmonie avec la vibration de pensée du désir. Si le désir ne reconnaît pas ou n'est pas en harmonie avec la suggestion, il est telle « la graine qui est tombée sur le sol pierreux » et ne récolte aucune action.

La pensée et l'action produisent des résultats matériels, comme cela se vérifie aisément chez l'entrepreneur et ses plans, la couturière et son patron ou l'école et son produit, tous en harmonie avec la pensée constructive prépondérante. La qualité de la pensée détermine la quantité de succès dans la vie.

Toutes les pensées véritablement sages ont déjà été pensées des milliers de fois. Mais pour les rendre vraiment nôtres, nous devons les repenser honnêtement, jusqu'à ce qu'elles prennent racine dans notre expérience personnelle.

– Goethe

LA PSYCHANALYSE

« Ne peux-tu donc soigner un esprit malade? », demandait Macbeth[52] au médecin dans une pièce de Shakespeare. Le passage est si remarquablement juste, si prophétiquement explicatif de la psychanalyse, qu'il doit être donné dans son entièreté :

MACBETH – Ne peux-tu donc soigner un esprit malade, arracher de la mémoire un chagrin enraciné, effacer les soucis gravés dans le cerveau, et, par la vertu de quelque bienfaisant antidote d'oubli, nettoyer le sein encombré de cette matière pernicieuse qui pèse sur le cœur?

MÉDECIN – C'est au malade en pareil cas à se soigner lui-même.

Presque personne aujourd'hui n'est dispensé d'une certaine forme de phobie ou de peur dont l'origine peut remonter si loin qu'elle peut s'être perdue parmi les ombres de l'enfance. Presque personne n'est libre d'une certaine aversion ou « complexe » dont les effets se produisent quotidiennement à l'encontre de la volonté de la victime. Dans un sens, le subconscient n'a jamais

---

52. **William Shakespeare** (1564-1616) est considéré comme l'un des plus grands poètes, dramaturges et écrivains de la culture anglo-saxonne. Il écrivit de nombreux ouvrages, dont *Roméo et Juliette*, *Macbeth*, *Le Roi Lear*, *Hamlet* et *Othello*.

oublié l'incident et abrite toujours son souvenir désagréable. La conscience cependant, tentant de protéger notre dignité ou notre vanité, selon celle que vous préférez, peut développer une meilleure raison apparente que la raison d'origine. C'est ainsi que les complexes se forment. La brontophobie, ou peur du tonnerre, fut provoquée dans le cas d'une patiente par un canon qu'elle avait entendu tonner près d'elle alors qu'elle était enfant. Un fait « oublié » pendant des années. Avouer une telle peur, même à soi-même, aurait été puéril – d'où la peur attribuable à la cause quelque peu plus digne du tonnerre. Inutile de dire que ce sont ces dissimulations des souvenirs qui rendent difficile le travail du psychanalyste qui tente de cueillir, à partir du souvenir, une peine enracinée afin de raser les troubles écrits du cerveau, ses « traumas » ou les chocs originaux. Et lorsque nous nous souvenons que le terme *psyché* en grec signifie non seulement le mental, mais également l'âme, nous pouvons mieux comprendre la compréhension étonnante de la psychologie chez Shakespeare lorsqu'il parle non seulement de « l'esprit malade », mais aussi de « cette matière pernicieuse qui pèse sur le cœur ».

Nous avons tous de tels complexes sous des formes variant du léger au sérieux : la sitiophobie, aversion pour certains aliments, la claustrophobie, la peur des portes fermées, devant laquelle la peur des espaces découverts forme un contraste saisissant, le trac, le toucher du bois et toutes ces autres superstitions. La liste exhaustive serait vraiment très longue.

Pour la majeure partie, le patient doit se soigner lui-même – avec l'aide du psychanalyste compétent. Dans certains cas, des processus élaborés sont nécessaires, de même que l'utilisation de psychomètres et d'autres instruments d'enregistrement. Mais généralement la procédure est toute simple. Le sujet examiné est invité à s'installer confortablement et est placé dans une humeur paisible. On lui demande ensuite d'exprimer tout ce qui lui passe par la tête à propos de son complexe – à l'aide d'incitations et de questions occasionnelles posées par le psychanalyste. Tôt ou tard, l'association d'idées apportera à la surface la cause ou l'expérience d'origine qui avait été « enracinée » et submergée. Très souvent, de simples explications suffiront à éradiquer l'obsession.

La psychanalyse

Mais il est un autre groupe de désordres, les névroses, qui peut tenir à la fois du physique et du psychique et où chaque état peut induire l'autre. Richard Ingalese[53] dans *L'histoire et le pouvoir de l'esprit* a résumé le sujet très clairement : « La maladie peut être divisée en deux classes, l'imaginaire et le réel. La maladie imaginaire est une image fermement maintenue par le mental objectif qui engendre une correspondance plus ou moins physique. Cette sorte de maladie est souvent créée au mépris total des lois qui gouvernent l'anatomie ou la physiologie et se révèle la plus difficile à guérir parce que les personnes qui en sont possédées s'y accrochent avec une telle persistance qu'une révision tout entière de leur mode de pensée doit être réalisée avant qu'une guérison ne soit possible. Il n'est pas du tout rare de voir un patient se plaindre d'un mal de rein en localisant la douleur et les organes plusieurs centimètres en dessous de la taille. La rate est souvent supposée se trouver du côté droit du corps, et des tumeurs fantômes apparaissent et disparaissent. Mais toutes ces images mentales, si elles sont entretenues suffisamment longtemps, créent des matrices ou des vortex et y attirent les éléments qui vont finalement entraîner la véritable maladie, au départ purement imaginaire. »

La psychanalyse procède selon la supposition qu'un très grand nombre de cas de maladies sont provoqués par la répression de désirs normaux ou par des perturbations qui se sont produites dans la vie passée de l'individu. Dans de tels cas, la racine de la maladie est si dissimulée, parfois à travers des années et des années, qu'elle doit être recherchée.

Le psychanalyste est à même de localiser ces difficultés par les rêves ou plutôt à travers l'interprétation des rêves, ou en interrogeant le patient sur sa vie passée. L'analyste bien entraîné doit absolument obtenir la confiance amicale du patient au point où ce dernier n'hésitera pas à lui divulguer une expérience, si intime soit-elle.

---

53. **Richard Ingalese**, avocat américain, et son épouse, Isabella Ingalese, médium et guérisseuse, étaient des alchimistes autodidactes adeptes de la nouvelle pensée.

La Cause et l'Effet

Dès que le patient a été amené à se rappeler une expérience particulière, il est encouragé à en parler en détail de manière à la sortir du subconscient. L'analyste lui montre alors ce qui a causé la difficulté et lorsque la cause est éradiquée, elle ne peut plus lui faire de mal.

C'est le parallèle exact de la présence d'une substance étrangère dans la chair. Il y a un gonflement horrible avec inflammation, douleur et souffrance. On appelle le chirurgien. Il supprime la difficulté et la nature fait le reste. La loi psychologique suit la même procédure. En cas d'activité anormale, de plaie suppurante dans le subconscient présente depuis des années, si celle-ci peut être localisée par un processus d'analyse mentale et si elle peut être expulsée du complexe mental et montrée au patient, la catharsis est complète.

Le Dr Hugh T. Patrick, professeur clinique de la maladie nerveuse et mentale à la Northwestern University, mentionne plusieurs causes intéressantes.

« Dans de nombreux cas de troubles nerveux fonctionnels, le facteur de la peur est assez évident. Mais dans de nombreux cas tout aussi importants, ce facteur n'est pas visible immédiatement. Parmi ces derniers, de nombreuses variétés existent qui peuvent être subdivisées en différents groupes. Un groupe englobe les patients connus pour avoir du courage physique. Il y a quelques années, il me fut envoyé l'un des hommes les plus éminents et les plus intrépides sur le ring, un homme particulièrement insouciant. Il souffrait de ce qui semblait être de vagues et déconcertants symptômes nerveux, principalement de l'insomnie, un manque d'intérêt et une humeur maussade. Une analyse consciencieuse révéla bientôt que des symptômes insignifiants, attribuables à la grande vie qu'il menait et à des frictions familiales, avaient servi à installer dans son esprit l'idée qu'il perdait la tête. Cette phobie constituait sa maladie. Et la peur possédait tellement son âme qu'il n'était bon à rien, jusqu'à ce qu'il s'en débarrasse. Inutile de dire que le patient lui-même était plutôt inconscient de la nature de son problème, et que son médecin l'avait négligé. »

La psychanalyse

Ils ne pouvaient donc guérir le problème d'un point de vue physique. La situation devait être analysée mentalement et la cause de la peur, extraite de son subconscient et exposée à l'homme. Lorsqu'il l'examina, cela eut exactement le même effet que de retirer un cil de votre œil enflammé et de vous le donner à voir. Tous vos problèmes disparaissent instantanément parce que vous êtes vraiment certain que la cause perturbatrice a été retirée, et vous l'oubliez ensuite.

« Un éleveur de moutons du Wyoming se plaignait d'insomnie, de perte d'appétit, de douleurs abdominales, de nervosité générale et d'incapacité de s'occuper de son ranch. En réalité, il avait peur d'attraper un cancer de l'estomac. Cette phobie le démontait complètement et lui faisait amplifier démesurément chaque sensation corporelle. Cet homme était-il peureux et apathique ? Résolument pas. Il fut un temps où les éleveurs de bétail du Far West faisaient de l'élevage des moutons une activité risquée. Au cours de ces années dangereuses, il vécut sans trembler, même s'il n'allait jamais dormir sans un fusil à ses côtés. Une fois, il apprit que trois éleveurs de bétail s'étaient mis en route pour « l'avoir » et l'information s'avéra correcte. Il monta sur son cheval et, armé comme il se doit, chevaucha à leur rencontre. Selon ses propres mots, il « les en dissuada » et les trois prétendus assassins firent demi-tour et s'en allèrent. Au cours de cette rencontre, il ne fut pas du tout inquiet ou mal à l'aise, et j'appris l'incident uniquement parce que nous parlions de son activité un jour. »

Il avait plein de courage physique, mais lorsque quelque chose semblait aller mal dans son organisme intérieur, il avait peur. Dès que son médecin découvrit cette peur, il effectua probablement une radiographie ou quelque chose de ce genre pour montrer au patient qu'il n'y avait rien de tel. Attirant ensuite l'attention du patient sur sa peur irraisonnée, le médecin fut capable de convaincre le patient du caractère infondé de ses peurs.

« Un policier âgé de 49 ans souffrait d'insomnie opiniâtre, de pression cérébrale, de nervosité générale et de perte de poids.

La Cause et l'Effet

Ce n'était pas le genre d'homme qu'on soupçonnerait d'avoir peur. Pendant de nombreuses années, il avait été en service actif dans l'un des pires arrondissements de Chicago et du fait de sa familiarité avec les criminels, il était fréquemment envoyé à la poursuite des bandits de la pire espèce. Il avait participé à de nombreux échanges de coups de feu. Une fois, un célèbre " bandit armé " debout à ses côtés se tira un coup à bout portant dans la tête. Tout cela ne perturbait aucunement sa sérénité. Et cependant, sa maladie résultait de la peur pure et simple. Elle survint comme ceci : une personne malveillante avait porté plainte contre lui pour inconduite et il fut cité à comparaître devant le conseil de révision. Cela le préoccupait grandement. Innocent, il ressentait vivement la disgrâce de l'accusation et craignait d'être suspendu, voire déchargé de ses fonctions. Il tremblait pour sa réputation bien méritée et pour sa maison qui était hypothéquée. Naturellement, il se mit à mal dormir, à ressentir d'étranges sensations dans la tête et à se sentir mal assuré. À ce stade, des amis lui dirent avec compassion que l'on pouvait devenir fou de s'en faire ainsi. Telles furent les étapes : peur de la disgrâce, peur de l'effondrement financier, peur de la folie. Mais, est-ce que le patient savait tout cela ? Non, pas lui. Il savait uniquement qu'il était nerveux et qu'il souffrait, qu'il ne se sentait pas sûr de lui-même. »

Lorsque cela lui fut ôté de la conscience et désigné comme étant la racine de son problème, et lorsqu'un médecin fut à même de lui assurer qu'il ne souffrait que de peur, il décida qu'il valait mieux s'en débarrasser. C'est alors qu'il fut guéri.

La mentalité subconsciente est malade d'une manière chronique. Elle est tombée malade du fait d'une expérience mentale – très ancienne généralement – et la maladie résulte du fait qu'elle continue à nourrir cette expérience et à la maintenir devant elle. C'est ce qui constitue ce que l'on appelle techniquement une « plaie qui suppure » dans le subconscient – c'est-à-dire mentalement et non physiquement.

Une dame souffrait d'une faiblesse générale depuis plusieurs années et était incapable d'en obtenir un soulagement. Le psychologue commença à la sonder pour voir de quel trouble il s'agissait. Il se mit à prononcer des mots – ceux qui lui passaient par la tête : *bureau, livre, carpette, chinois*. Lorsqu'il prononça le mot *chinois*, la dame sembla très surprise. Il lui demanda alors ce que le mot *chinois* lui suggérait et pourquoi ce mot la surprenait. La dame dit que lorsqu'elle était petite, elle et une camarade s'amusaient à jouer aux alentours d'une blanchisserie chinoise et elles avaient l'habitude d'ennuyer le Chinois en lui jetant des cailloux à travers la porte ouverte. Un jour, le Chinois les pourchassa avec un grand couteau et toutes deux furent presque mortes de peur. « Oui, dit le psychologue, c'est l'une des choses que je voulais savoir. » Ensuite, il se mit à prononcer d'autres mots, le mot *eau* à présent, et à nouveau la dame se montra surprise. Il se révéla alors qu'un jour, lorsqu'elle était très petite, elle et son frère jouaient sur le quai et, accidentellement, elle le poussa dans l'eau et il s'y noya. Elle dit que cela s'était produit il y a de nombreuses années lorsqu'elle n'était qu'une enfant. Le psychologue lui dit : « Pensez-vous à ces choses très souvent? » Elle répondit : « Non, je ne me rappelle pas y avoir pensé depuis quinze ou vingt ans… » « Eh bien, dit-il, je vais vous dire ce que je voudrais que vous fassiez. » (À cette époque, elle était aux bons soins d'une infirmière dans un sanatorium.) « Je veux que vous racontiez tous les jours à l'infirmière cette expérience avec le Chinois et aussi celle concernant votre frère. Je voudrais que vous continuiez à les raconter jusqu'à ce que vous les ayez racontées tellement de fois que vous ne vous sentiez plus mal à leur sujet. Ensuite, revenez me voir dans deux ou trois semaines. » Elle fit comme il le lui avait demandé et à la fin des soixante jours, elle se sentait bien. L'effet de raconter tout cela si souvent le rendit banal au mental conscient sans toucher les émotions. De sorte que le subconscient reçut ensuite la suggestion que la conscience ne se sentait plus mal à propos de l'incident. Les conditions de la peur qui avaient persisté pendant vingt ou vingt-cinq années furent effacées. L'ensemble n'était plus en évidence dans le subconscient.

L'esprit subconscient a une mémoire parfaite et est entièrement équipé dès la naissance. Chaque enfant hérite de certaines caractéristiques de ses ancêtres. Celles-ci sont entrainées dans l'esprit subconscient et mises en mouvement lorsque la vie ou la santé de l'individu les requiert.

Il est naturel de naître sans douleur, de se développer sans douleur, de vivre sans douleur et de mourir sans douleur. C'est tout aussi naturel que ce l'est pour l'arbre de fleurir et de porter des fruits qui au moment opportun tombent sans douleur. Le subconscient s'occupera de chaque situation. Même en cas d'interférence, il dispose d'un remède pour chaque situation. À nouveau, si vous oubliez quelque chose, l'esprit subconscient ne l'a pas oublié. Dès que l'esprit conscient écarte le sujet, il nous revient.

Tout ingénieur connaît l'effet de dormir sur un problème. Une fois endormi, son subconscient résout le problème. Ou il peut perdre un objet, s'énerver et s'inquiéter de ne pas être capable de le retrouver. Mais, dès que l'esprit conscient abandonne et lâche prise, l'impression de l'endroit où se trouve l'objet lui vient sans effort.

À nouveau, vous vivez une situation difficile dans vos affaires. Si vous pouvez seulement persuader votre esprit conscient de lâcher prise, de cesser de s'en faire, de laisser aller sa peur, d'abandonner la tension et la lutte, le subconscient mènera généralement à la prospérité. La tendance du subconscient va toujours dans le sens de la santé et des conditions harmonieuses. Pour illustrer ceci, imaginez que vous êtes dans l'eau au-dessus de la grande profondeur. Vous ne savez pas nager et vous coulez. Si au moment où le maître nageur s'approche de vous, vous le saisissez au cou et vous entravez l'action de ses bras et de ses jambes, il peut se retrouver incapable de faire quoi que ce soit pour vous. Mais si vous vous laissez simplement aller en confiance entre ses bras, il vous sortira de là. Il est absolument certain que le subconscient sera présent dans chaque situation difficile et qu'il tendra à jouer le maître nageur en votre faveur si vous pouvez persuader votre conscience de cesser de s'en faire, de laisser aller ses peurs, et d'abandonner la tension de la lutte.

La psychanalyse

Supposez que l'esprit conscient souffre de se fâcher pour une bagatelle. Chaque fois qu'il se fâche, l'impulsion est transférée au subconscient. L'impulsion est répétée encore et encore et chaque fois elle est stimulée. Le deuxième enregistrement de colère est ajouté au premier, le troisième au deuxième et le quatrième au troisième. Bientôt, le subconscient en a acquis l'habitude et bien vite il lui sera difficile de s'arrêter. Lorsque cette situation se développe, l'esprit conscient est soumis à l'influence irritante de l'extérieur et à l'impulsion habituelle de l'intérieur. Il y aura action et réaction. Il sera plus facile d'être fâché et plus difficile de l'empêcher. Chaque fois que l'esprit conscient se fâchera, une impulsion supplémentaire sera donnée au subconscient et cette impulsion constituera un stimulant supplémentaire pour se fâcher à nouveau.

La colère est un état anormal et tout état anormal contient en lui-même sa pénalité. Cette pénalité sera promptement reflétée dans la partie du corps la moins résistante. Par exemple, si la personne a un estomac faible, elle subira des crises d'indigestion aigües et finalement celles-ci deviendront chroniques. Chez d'autres personnes, la maladie de Bright peut se développer. Chez d'autres, des rhumatismes, et ainsi de suite.

Il est évident que ces états sont des effets et que si la cause est supprimée, les effets disparaîtront. Si la personne sait que les pensées sont des causes et les conditions physiques, des effets, elle va rapidement décider de contrôler ses pensées. Cela lui permettra d'effacer la colère et d'autres mauvaises habitudes mentales. Dès lors que la lumière de la vérité s'éclaircit progressivement, l'habitude et tout ce qui y est relié s'effacent et la douleur accumulée disparaît.

Ce qui est vrai pour la colère l'est aussi pour la jalousie, la peur, la luxure, l'envie, la malhonnêteté. Chacune de ces causes peut devenir subconsciente et finalement se traduire par un état de maladie dans le corps. Et la nature de la maladie indique à l'analyste qualifié la nature de la cause responsable de l'état.

La Cause et l'Effet

Frederick Pierce[54] nous dit dans *Our Unconscious Mind* :

« Il est courant d'observer que chaque homme est influençable dans une grande ou moindre mesure. La réaction à la suggestion peut être soit positive, soit négative, soit une acceptation, soit une résistance accrue. En ceci, nous voyons une forme de censure. L'épidémie d'un certain type de crime montre, du côté des criminels, une réponse imitative à la suggestion implantée à la fois par les rapports détaillés décrits dans les journaux, mais également par le nombre de débats entendus de tous côtés relativement aux outrages.

« Des effets primitifs de grande intensité sont éveillés. Ils percent la censure culturelle fondamentale (qui est faible chez la personne disposée au crime), accumulent de l'énergie en demeurant dans la conscience et, finalement, deviennent suffisamment forts pour surmonter toute peur de la punition et pour contrôler la conduite.

« Le restant du groupe social, qui possède un plus haut degré de censure culturelle, réagit négativement à la même suggestion et décharge l'énergie des effets primitifs éveillés sous la forme de la colère et du désir de punition des criminels. »

À cet égard, il est intéressant de noter que le désir de vengeance exprimé en termes de violence primitive est souvent beaucoup plus important que la violence déployée dans le crime lui-même. Les psychanalystes estiment que c'est ainsi que la personne renforce la censure plutôt faible de son inconscient.

> On pense que le mental en lui-même est une forme subtile d'énergie statique dont surgissent les activités appelées « pensées » qui constituent la phase dynamique de l'esprit. Le mental, c'est de l'énergie statique. La pensée, c'est de l'énergie dynamique : les deux phases d'une même chose.
>
> – Walker

---

54. **Frederick Pierce**, dans *Our Unconscious Mind* (*Notre esprit inconscient*), offre une excellente méthode pour résoudre tous problèmes avec l'aide du subconscient.

La psychanalyse

La tradition chuchote que dans le ciel vit un oiseau, bleu comme le ciel lui-même, qui apporte le bonheur à ceux qui le découvrent. Mais tout le monde ne peut le voir, car les yeux des mortels sont enclins à se laisser aveugler par le scintillement de la fortune, de la célébrité et du rang, et à se laisser tromper par le feu follet moqueur des honneurs vides. Mais pour les chanceux qui cherchent avec les yeux et le cœur ouverts, avec ingénuité, simplicité et foi, trésors de l'enfance, il est une promesse éternelle. Pour eux, l'oiseau bleu vit et chante joyeusement, symbole réjouissant de bonheur et de contentement jusqu'à la fin.

LA PSYCHOLOGIE

L'observation et l'analyse, la connaissance et la classification des activités de la conscience personnelle, qui composent la psychologie, sont étudiées dans les collèges et les universités depuis de nombreuses années, mais cet esprit personnel, ou ce conscient autoconscient, ne constitue en aucun cas l'ensemble de l'esprit.

Des activités très complexes et très méthodiques se produisent dans le corps d'un bébé. Le corps du bébé, en tant que tel, ne peut induire ou exécuter ces activités et l'esprit conscient du bébé n'en sait pas assez pour les planifier ou en avoir connaissance. Dans la plupart des cas, il est probable également que personne autour du bébé ne comprenne, même de loin, ce qui se passe dans le processus hautement complexe de la vie physique. Et, cependant, toutes ces activités manifestent de l'intelligence, et de l'intelligence d'un ordre très complexe et très élevé.

L'examen de ce qui se produit dans le corps humain et de tous ses processus complexes : le battement du cœur et la digestion de la nourriture, la sécrétion et l'excrétion des glandes, nous révèle qu'une disposition mentale dotée d'un haut degré d'intelligence détient le contrôle. C'est la disposition mentale qui opère dans les millions de cellules qui constituent le corps et qui opère ainsi sous la surface de ce que nous dénommons « conscience ». C'est par conséquent le subconscient.

L'esprit subconscient adopte deux phases. Branchée à chaque personne humaine, une subconscience peut dans un certain sens être considérée comme le subconscient de la personne, mais qui se fond sur un plan encore plus profond dans ce que nous appelons la « subconscience universelle » ou la « conscience cosmique ». Nous pouvons illustrer ceci de la manière suivante : pensez aux vagues à la surface du Lac Michigan – pour autant qu'elles soient au-dessus du niveau des creux – comme à tant de dispositions mentales personnelles. Puis, pensez à une petite masse d'eau qui ne s'élève pas au-dessus de la surface, mais qui file le long de chaque vague et se fond indistinctement dans la grande masse insensible en dessous qui peut être considérée comme le niveau le plus profond. Ces trois niveaux d'eau du lac peuvent illustrer la conscience personnelle, ou autoconscience, la subconscience personnelle et la subconscience universelle, ou conscience cosmique. De la conscience cosmique jaillit la subconscience personnelle et de celle-ci, ou autour d'elle, jaillit à son tour la conscience personnelle.

À l'aube de son expérience, la gestion de l'enfant provient presque entièrement de la subconscience, mais plus il grandit, plus il est averti – peut-être inconsciemment mais à un certain degré tout de même – de la présence des lois de la conscience qui se manifestent en tant que justice, vérité, honnêteté, pureté, liberté, bonté, etc. Et il commence à s'y relier et à être de plus en plus gouverné par elles.

La première chose à noter, c'est que si cette action mentale se produit continuellement, nous en sommes généralement plutôt inconscients. C'est la raison pour laquelle nous parlons du « département » subconscient de l'esprit, afin de le distinguer de la partie qui fonctionne par les sens dont nous sommes conscients et que nous appelons l'« autoconscience ». L'existence dans le corps de deux systèmes nerveux distincts, le cérébro-spinal et le sympathique, chacun doté de son propre champ d'opération et de fonctions particulières, nous a préparés à ces deux « départements » mentaux.

La psychologie

Le système cérébro-spinal est utilisé par l'autoconscience, et le sympathique, par le subconscient. Et tout comme nous découvrons dans le corps que si les fonctions et les activités des deux systèmes nerveux se révèlent différentes, une interaction très intime a été pourvue entre les deux, de même, nous découvrons que si les fonctions et les activités des deux « départements » mentaux sont différentes, une ligne bien définie d'activité existe entre eux.

La principale activité de l'esprit subconscient est de préserver la vie et la santé de l'individu. Par conséquent, il supervise toutes les fonctions automatiques telles que la circulation du sang, la digestion, l'ensemble de l'action musculaire automatique, etc. Il transforme la nourriture en un matériau approprié à la construction du corps, en la restituant à l'homme conscient sous la forme d'énergie.

L'homme conscient utilise cette énergie dans son travail mental et physique, et au cours du processus, il consomme entièrement ce qui lui a été fourni par son intelligence subconsciente.

L'action du subconscient est cumulative et peut être illustrée de la manière suivante. Supposez que vous ayez un bac d'eau et que vous commenciez à la remuer de droite à gauche en un mouvement circulaire, avec un petit bout de bois. Au début, vous ne lancerez qu'une ondulation autour du bois, mais si vous continuez à faire tourner le bout de bois dans un mouvement circulaire, l'eau va progressivement accumuler la force que vous placez dans le bois et l'ensemble du bac d'eau tourbillonnera. Si vous laissez tomber le bâton, l'eau entraînera avec elle l'instrument qui l'a mise en mouvement à l'origine, et si vous stoppez soudainement le bâton en le maintenant toujours plongé dans l'eau, elle aura une forte tendance à emporter le bois et à emmener votre main avec lui. Maintenant, supposez qu'après avoir fait tournoyer l'eau, vous décidiez que vous ne voulez pas qu'elle tourne, ou que vous préféreriez qu'elle tourne dans l'autre sens, donc vous tentez de la faire tourner de l'autre côté. Vous découvrirez qu'il vous faudra un long moment pour immobiliser l'eau, et un temps plus long encore pour arriver à la faire tourner dans l'autre sens.

Cet exemple illustre que tout ce que l'esprit conscient fait de manière répétée, le subconscient va l'accumuler comme une habitude. Toute expérience que le subconscient reçoit est remuée et si vous lui offrez une autre expérience du même genre, il va l'ajouter à la première et ainsi continuer à les accumuler indéfiniment, sa tendance étant d'accumuler l'activité par degré croissant. Cela s'avère pour chaque phase d'activité qui entre dans le champ de la conscience humaine. Cela s'avère, que les expériences soient à notre avantage ou pas, que les expériences soient bonnes ou mauvaises. Le subconscient est une activité spirituelle et l'esprit est créateur. Par conséquent, le subconscient crée les habitudes, les conditions et l'environnement que l'esprit conscient continue à entretenir.

Si nous entretenons consciemment des pensées associées à l'art, à la musique et au domaine esthétique, si nous entretenons consciemment des pensées associées au bien, au vrai et au beau, nous découvrirons que ces pensées prennent racine dans le subconscient et nos expériences et notre environnement seront un reflet de la pensée que l'esprit conscient a entretenue. Si, cependant, nous entretenons des pensées de haine, de jalousie, d'envie, d'hypocrisie, de maladie, de manque ou de limitation de quelque sorte que ce soit, nous découvrirons que notre expérience et notre environnement refléteront les conditions qui correspondent à ces pensées : « Nous récoltons ce que nous semons. » Tout le monde est égal devant la loi. Nous pouvons penser à ce que nous voulons, le résultat de nos pensées est gouverné par une loi immuable. « Rien n'est bien ou mal, mais la pensée le rend ainsi. » Nous ne pouvons planter une graine d'une sorte et récolter le fruit d'une autre.

La conscience correspond au pouvoir de penser, de savoir, de vouloir et de choisir. L'autoconscience est constituée du pouvoir d'être conscient de soi en tant qu'individu pensant, sachant, voulant et choisissant. Le cerveau est l'organe de l'esprit conscient, et le système nerveux cérébro-spinal est le système des nerfs grâce auquel le cerveau est branché à toutes les parties du corps.

Le processus de croissance est un processus subconscient. Nous n'exécutons pas les processus vitaux de la nature consciente. Tous les processus complexes de la nature : le battement du cœur, la digestion de la nourriture, la sécrétion des glandes, requièrent un haut degré de disposition mentale et d'intelligence. La conscience ou l'esprit personnel ne serait pas capable de s'occuper de ces problèmes complexes, par conséquent ils sont contrôlés par l'Esprit universel, que chez l'individu nous appelons le « subconscient ».

L'Esprit universel est parfois dénommé la « SuperConscience », et parfois l'« Esprit divin ». Le subconscient est parfois appelé l'« esprit subjectif », et le conscient, l'« esprit objectif », mais rappelez-vous que les mots ne sont que des vaisseaux transportant les pensées. Si vous comprenez la pensée, les termes auront peu d'importance.

Le mental est une activité spirituelle et l'esprit est créateur, de sorte que l'esprit subconscient contrôle non seulement toutes les fonctions vitales et tous les processus de croissance, mais il est également le siège de la mémoire et de l'habitude.

Le système nerveux sympathique est l'instrument par lequel le subconscient reste en contact avec le ressenti ou les émotions. Le subconscient réagit aux émotions et jamais à la raison étant donné que les émotions sont bien plus fortes que la raison ou l'intellect. L'individu agira dès lors fréquemment de la manière exactement opposée à celle que dicteraient la raison et l'intellect.

Il est évident que deux choses ne peuvent occuper le même espace en même temps. Ce qui est vrai pour les choses est vrai pour les pensées. Dès lors, si une pensée de nature destructrice cherche à entrer dans le domaine mental, elle doit rapidement être remplacée par une pensée à tendance constructive. C'est ici que réside la valeur d'une affirmation toute faite telle que l'affirmation de Coué : « Tous les jours, à tous points de vue, je vais

La Cause et l'Effet

de mieux en mieux », ou l'affirmation de Frederick Andrews[55] : « Je suis sain, parfait, fort, puissant, aimant, harmonieux et heureux ». Ces affirmations ou des affirmations similaires peuvent être confiées à la mémoire et répétées jusqu'à ce qu'elles deviennent automatiques et subconscientes. Comme les conditions physiques ne sont que les manifestations extérieures des conditions mentales, vous comprendrez aisément qu'en entretenant constamment dans l'esprit la pensée exprimée dans l'affirmation, il faudra relativement peu de temps pour que les conditions et l'environnement commencent à changer de manière à correspondre au nouveau mode de pensée.

Ce même principe peut être entrainé à opérer de manière négative à travers le processus de déni. Nombreux sont ceux qui l'utilisent dans ce sens avec d'excellents résultats.

Le conscient et le subconscient ne sont que deux phases d'action liées à l'esprit. La relation du subconscient au conscient est assez analogue à celle qui existe entre une girouette et l'atmosphère. Tout comme la moindre pression atmosphérique engendre une action sur la girouette, la moindre pensée entretenue par l'esprit conscient produit au sein de l'esprit subconscient une action exactement proportionnelle à la profondeur du sentiment qui caractérise la pensée et à l'intensité avec laquelle la pensée est entretenue.

Ainsi, si vous niez des conditions insatisfaisantes, vous retirez le pouvoir créateur de votre pensée de ces conditions. Vous les coupez à la racine. Vous sapez leur vitalité.

La loi de la croissance gouverne nécessairement toutes les manifestations du domaine objectif, de sorte qu'un déni de conditions insatisfaisantes n'apportera pas un changement instantané. Une plante demeurera visible quelque temps après que ses racines aient été coupées, mais elle se fanera progressivement et disparaîtra finalement. De même, le retrait de votre

---

55. **Frederick Andrews** a grandi du petit garçon tordu, courbé, boiteux, estropié qu'il était, avançant sur ses mains et sur ses genoux, en un homme fort, droit et bien formé, grâce à l'affirmation qu'il a créée et qui reprenait les qualités dont il avait le plus besoin.

La psychologie

pensée de la contemplation des conditions insatisfaisantes mettra progressivement mais sûrement un terme à ces conditions.

C'est une direction exactement opposée à celle que nous serions naturellement enclins à adopter. Elle aura dès lors un effet exactement opposé à celui généralement obtenu. La plupart des gens se concentrent sur les conditions insatisfaisantes et offrent à la condition la quantité d'énergie et de vitalité nécessaire à sa croissance vigoureuse.

> Les étoiles viennent au ciel la nuit ;
> La vague de la marée vient à la mer ;
> Ni le temps, ni l'espace, ni la profondeur, ni la hauteur,
> Ne peuvent garder loin de moi ce qui m'appartient.
>
> – John Burroughs

LA MÉTAPHYSIQUE

La création est l'art de combiner en proportions correctes des forces qui ont une affinité l'une pour l'autre. Ainsi, l'oxygène et l'hydrogène combinés dans les proportions appropriées produisent l'eau. L'oxygène et l'hydrogène sont tous deux des gaz invisibles, alors que l'eau est visible.

Les microbes sont vivants. Ils doivent par conséquent être le produit de quelque chose qui a de la vie ou de l'intelligence. L'Esprit est le seul principe créateur dans l'Univers, et la pensée est la seule activité que possède l'esprit. Par conséquent, les microbes doivent résulter d'un processus mental.

Une pensée est avancée par le penseur. Elle rencontre d'autres pensées avec lesquelles elle présente une affinité. Elles s'unissent et forment un noyau pour d'autres pensées similaires. Ce noyau envoie des appels dans l'énergie sans forme, dans laquelle toutes pensées et toutes choses sont maintenues en solution et, bientôt, la pensée est revêtue d'une forme qui correspond au caractère qui lui est donné par le penseur.

Un million d'hommes torturés ou à l'agonie sur le champ de bataille émettent des pensées de haine et de douleur. Bientôt, un autre million d'hommes meurent sous l'effet d'un microbe appelé « la grippe ». Personne, si ce n'est le métaphysicien expérimenté, ne sait quand ni comment le microbe mortel en est arrivé à exister.

Tout comme il existe une variété infinie de pensées, il existe une variété infinie de microbes ou de germes, constructifs autant que destructeurs, mais ni le germe constructif ni le germe destructeur ne germera et ne fleurira s'il n'a pas trouvé de sol agréable dans lequel prendre racine.

Toutes les pensées et toutes les choses sont maintenues en solution dans l'Esprit universel. L'individu peut ouvrir ses portes mentales et de ce fait devenir réceptif aux pensées d'une certaine sorte ou d'une certaine description. S'il pense que des magiciens, des sorcières ou des mages désirent lui faire du mal, il ouvre la porte à l'entrée de telles pensées et il pourra dire avec Job : « Ce que je crains, c'est ce qui m'arrive ». Si, au contraire, il pense qu'il existe des personnes qui désirent l'aider, il ouvre la porte à cette aide et il découvrira que « qu'il soit fait selon votre foi » est aussi vrai aujourd'hui qu'il y a deux mille ans.

Tolstoï disait : « La voix de la raison devient de plus en plus clairement audible à l'homme. Auparavant, les hommes disaient : " Ne pensez pas, mais croyez. La raison va vous décevoir. Seule la foi vous offrira le vrai bonheur de la vie ". Et l'homme tenta de croire, mais ses relations avec les autres lui montrèrent rapidement que les autres hommes croyaient en quelque chose d'entièrement différent, de sorte que bientôt il devint inévitable qu'il devait décider à quelle foi il allait croire parmi le grand nombre proposé. Seule la raison peut en décider. »

Les tentatives actuelles, qui consistent à instiller par la foi des sujets spirituels en l'homme tout en ignorant sa raison, sont identiques aux tentatives visant à nourrir un homme tout en ignorant sa bouche. La nature a prouvé aux hommes qu'ils possèdent tous une connaissance commune. Les hommes ne retourneront plus jamais à leurs erreurs passées.

La voix des gens est la voix de Dieu. Il est impossible de couvrir cette voix parce que cette voix n'est pas la voix individuelle et le Soleil et les étoiles, et elle emplit également l'espace infime entre les atomes de la substance la plus dense, comme l'acier. Même lorsque l'électricité passe à travers un fil, il s'agit simplement d'une vibration de l'éther qui circule entre les atomes composant le fil de cuivre.

Nous avons une preuve abondante de l'assujettissement de la matière éthérée à la sphère de force encore plus raréfiée que nous reconnaissons comme étant la force psychique, ou force de l'esprit.

La matière ainsi raffinée s'associe souplement à l'esprit au sein du processus de transmission de ses forces dans la manifestation de son pouvoir.

Cet esprit transmet ses forces à travers ou par ses vibrations. Nous en avons la preuve dans l'expression de son pouvoir d'esprit à esprit, tout comme dans la manifestation de l'esprit de l'hypnotiseur sur son sujet à travers la suggestion mentale qui lui permet de contrôler l'organisme tout entier de son sujet au point de suspendre à volonté les fonctions des organes du corps.

Nous voyons ainsi que les éléments subtils ou raffinés de la matière qui sont à la disposition de l'esprit sont soumis à son contrôle. La matière en elle-même n'a pas de conscience ou de sentiment et est uniquement active lorsqu'elle est contrôlée par l'esprit ou le mental conformément aux lois qui gouvernent son action. Et lorsqu'elle est active, elle émet la manifestation et le pouvoir de l'esprit, du mental ou de l'intelligence qui la soustend et qui agit sur elle. Dans ses manifestations variées, elle symbolise la sagesse ou l'intelligence de l'esprit de l'homme ou de l'Esprit infini lui-même.

De même que l'Esprit infini régit et gouverne l'Univers, il est prescrit à l'homme de régir et de gouverner l'Univers vivant qu'il a créé ou développé, et appelé « le Temple du Dieu vivant », un résumé ou un microcosme de l'Univers de l'infini.

La sagesse est l'utilisation correcte de la connaissance pour apporter l'harmonie, le bonheur, la tranquillité et la santé. L'ignorance, c'est l'obscurité que la lumière de la vérité disperse.

La métaphysique

Seule cette lumière peut nous aider à comprendre la priorité de l'esprit dans le contrôle de la matière.

La tâche de la métaphysique consiste à amener l'homme à véritablement comprendre sa relation avec le monde dans lequel il vit, se meut et a son être, et comment arriver à dominer l'ensemble de son héritage légitime.

Le métaphysicien ne donne rien à voir, à entendre, à goûter, à sentir ou à toucher au patient. Il est par conséquent absolument impossible au praticien d'atteindre le cerveau objectif du patient.

Vous direz qu'il peut lui fournir une suggestion mentale, qu'il peut lui envoyer une pensée. Ce serait de l'ordre du possible si ce n'était le fait que nous ne recevons pas consciemment les pensées des autres excepté par nos sens.

À nouveau, en admettant qu'il soit possible d'atteindre l'esprit conscient sans l'aide d'un agent matériel, l'esprit conscient ou objectif ne recevrait pas la pensée envoyée parce que cet esprit objectif est l'esprit avec lequel nous raisonnons, nous planifions, nous décidons, nous voulons et nous agissons. Le praticien suggère invariablement la perfection, et une telle pensée serait instantanément écartée par l'esprit objectif comme étant contraire à la raison et par conséquent inacceptable, de sorte qu'aucun résultat ne serait accompli.

L'esprit que le métaphysicien appelle à l'action est l'Esprit universel et non individuel. La formule est : « L'Esprit divin a toujours assouvi et assouvira toujours chaque besoin humain. » Cet Esprit divin est le principe créateur de l'Univers. C'est le « Père » auquel pensait le Nazaréen lorsqu'il disait : « Cela ne vient pas de moi. C'est plutôt le Père, vivant en moi, qui effectue ce travail. »

Il devient immédiatement évident que ce pouvoir que le métaphysicien utilise est spirituel et non matériel, subjectif et non objectif. C'est la raison pour laquelle il devient nécessaire d'atteindre l'esprit subconscient plutôt que l'esprit conscient. C'est ici dès lors que réside le secret de l'efficacité de la méthode. Le système nerveux sympathique est l'organe de l'esprit subconscient. Ce système nerveux gouverne tous les processus vitaux du corps – la circulation sanguine, la digestion de la nourriture, la construction des tissus, la fabrication et la distribution des diverses sécrétions. En fait, le système nerveux sympathique atteint chaque partie du corps. Tous les processus vitaux sont effectués subconsciemment. Ils semblent avoir été sciemment retirés du domaine du conscient et placés sous le contrôle d'un pouvoir qui ne serait soumis à aucun changement ou caprice.

L'esprit subjectif, l'esprit subconscient, l'Esprit Divin, représentent par conséquent différents termes qui désignent l'Esprit unique dans lequel « nous vivons, nous nous mouvons et avons notre être ». Nous prenons contact avec cet esprit par la volonté et l'intention. L'esprit est omniprésent. Nous pouvons le constater en tous lieux et partout. Ni le temps ni l'espace ne sont à prendre en compte.

Étant donné que l'esprit est le Principe créateur de l'Univers, une prise de conscience subjective de cette nature spirituelle de l'homme et de la perfection qui en résulte est absorbée par l'Esprit divin et se manifeste finalement dans la vie et dans les expériences du patient.

Certains diront que cet état idéal de perfection n'est jamais réalisé. Pour s'en assurer, le Grand Professeur a anticipé cette critique, car n'a-t-il pas dit : « Il y a plusieurs demeures dans la maison de mon Père », ce qui signifie qu'il existe de nombreux degrés de perfection. Que même si la loi opère avec une précision immuable, l'opérateur peut être mal informé ou inexpérimenté. La capacité de lancer la pensée au-delà du témoignage des sens dans le royaume de l'« incréé » – où tout ce qui n'a jamais été ou sera à jamais attend d'être produit, organisé, développé et cristallisé en des formes tangibles – n'est pas l'œuvre de l'enthousiaste qui vient seulement de prendre connaissance de son héritage spirituel. C'est plutôt l'œuvre de celui qui est devenu sensible aux vibrations les plus subtiles, de celui qui peut entendre la voix du silence, de celui qui en est arrivé à réaliser avec horreur que l'oasis qu'il a aperçu alors qu'il survolait le désert n'était qu'un mirage et que tandis qu'il s'en approchait, celle-ci s'éloignait, celui qui n'est plus étonné ou stupéfié de découvrir qu'après tout le véritable pouvoir est impersonnel, qu'il peut faire d'une personne une super bête et d'une autre un super homme.

Un grand nombre de personnes ne comprennent pas le principe de la métaphysique ni comment l'appliquer de manière à ce qu'il travaille intelligemment pour leur propre compte. Dans de telles conditions, elles ne peuvent que se fier à quelqu'un d'autre et lorsqu'elles le font continuellement ou à intervalles fréquents, elles tendent à affaiblir plutôt qu'à renforcer le facteur spirituel dans leur conscience.

Il est par conséquent souhaitable et nécessaire de comprendre la nature de la vérité. La plupart des personnes qui se sont intéressées à la métaphysique ont vécu une expérience merveilleuse ou connaissent quelqu'un qui a vécu une telle expérience.

Il a été déclaré encore et encore par les philosophes, les religieux et les scientifiques qu'aucune preuve de l'existence de la vérité absolue n'existe, en d'autres termes, que le seul moyen de se convaincre du pouvoir créateur de la vérité, c'est d'avoir recours à la démonstration ou de supposer que la vérité est toute puissante et, sur la base de cette supposition, d'en faire la démonstration. Voilà la *preuve.* Voilà la liberté. C'est la raison pour laquelle il fut dit : « Vous connaîtrez la vérité et la vérité vous libérera ».

L'observation des manifestations caractéristiques d'une chose et les déductions basées sur cette observation constituent la connaissance de cette chose. Vous aurez aisément compris que si vous avez observé et que vous êtes devenu conscient de certaines manifestations caractéristiques de la vérité, vous avez la connaissance. Si vous avez observé et soigneusement noté *toutes* les manifestations caractéristiques de la vérité et que vous avez perçu en outre les uniformités qui traversent ces manifestations, particulièrement si elles sont complexes, et si vous avez perçu les lois ou le système sur lequel leurs caractéristiques reposent, alors votre connaissance de la vérité est complète.

La Cause et l'Effet

Grâce à l'éveil mental et spirituel d'il y a un siècle, qui fut responsable de la pensée progressive moderne, certaines forces et certains principes supérieurs furent découverts dans l'esprit de l'homme. De même, de nouveaux domaines de pensée et de réalité spirituelle se sont ouverts à la conscience – des révélations, littéralement, qui donnèrent à la vie une nouvelle et merveilleuse signification – et le cosmos s'est étendu à l'infini, apparemment dans toutes les directions. Par conséquent, un double but apparut au début de ce mouvement – connaître l'homme véritable et connaître le cosmos véritable. Cet ancien désir connut à ce stade une renaissance tellement vivifiante et tellement virile qu'il s'est transformé aujourd'hui en passion de cœur dans l'esprit de millions de personnes.

Quelles sont donc les caractéristiques de la vérité? Tout le monde convient qu'au sens philosophique la vérité, c'est ce qui est absolu et immuable. La vérité doit donc être un fait. Mais qu'est-ce qu'un fait? Eh bien, trois fois trois égalent neuf. C'est un fait. Ça a toujours été un fait. Ce sera toujours un fait. C'est sans échappatoire, sans discussion, sans équivoque. C'est la vérité aux États-Unis, en Chine, au Japon. C'est vrai partout, tout le temps. Un fait existe dans la nature des choses, sans commencement, sans fin, sans limitation. Il gouverne nos actions et nos opérations commerciales. Quiconque entreprendrait de l'ignorer le ferait à ses risques et périls. Cependant, c'est un fait que vous ne pouvez ni voir, ni entendre, ni goûter, ni sentir, ni toucher. Aucun sens physique ne peut le percevoir. N'en est-ce pas moins un fait? Il est sans couleur, sans taille et sans forme. N'en est-il pas moins vrai? Il est sans âge. N'en est-il pas moins le même hier, aujourd'hui et à jamais?

Vous pouvez utiliser ce fait aussi longtemps que vous vivez. Des millions d'autres personnes peuvent l'utiliser aussi longtemps qu'elles le désirent. Cela ne le détruira pas. L'utilisation ne le change pas. Pour toujours et à jamais, trois fois trois égalent neuf. C'est par conséquent un fait ou la vérité.

La vérité est la seule connaissance que l'homme puisse posséder parce que la connaissance qui ne repose pas sur la vérité serait fausse et par conséquent elle ne serait pas connaissance du tout.

La fausse monnaie n'est pas de la vraie monnaie. Elle est fausse, peu importe combien elle peut passer pour vraie. La vérité, c'est dès lors tout ce que quelqu'un peut savoir, car ce qui n'est pas vrai n'existe pas, par conséquent, nous ne pouvons pas le savoir. Nous pensons tous savoir beaucoup de choses qui ne sont pas vraies, mais ce qui ne l'est pas n'existe pas, par conséquent, nous ne pouvons en avoir connaissance.

Dès lors, la vérité ou la connaissance absolue est la seule connaissance possible, et toute autre utilisation du mot n'est pas scientifique ou exacte.

Les métaphysiciens de l'Orient ne vont pas révéler la connaissance spirituelle au hasard. Ils ne vont pas la donner aux enfants ou aux jeunes gens, si ce n'est dans des conditions de soumission directe à leur contrôle et à leur instruction, aussi certainement que nos enfants sont soumis à l'instruction dans la vie intellectuelle de nos écoles.

En Inde, lorsqu'un jeune homme doit être initié aux choses spirituelles, un cours bien défini de sept ans lui est fourni sous la supervision d'un maître et il reçoit d'abord les enseignements préalables qu'il doit connaître à ce sujet. Il est prévenu des dangers qui peuvent survenir et l'ensemble de son parcours se fait sous la surveillance de son maître qui le suit avec le plus grand soin de manière à prévenir ses faux pas au cours des premiers stades.

Si la métaphysique spirituelle devient populaire dans le monde occidental, la même chose s'y développera. Les gens ne s'attelleront pas au travail le plus avancé avant de se familiariser avec les formes de connaissance plus simples. Qui dit réalisation dit obligation. Si vous vous trouvez en haut de l'échelle de la culture, si vous avez pénétré l'école de la compréhension, si vous avez vu la lumière de la vérité spirituelle, vous êtes supposé en savoir plus que celui qui n'y est pas encore arrivé. Votre système nerveux s'organisera automatiquement sur un plan supérieur, et à cause de cela, vous devrez vivre plus près de la loi de votre être ou vous expérimenterez plus rapidement la souffrance. Il n'y a pas d'exception à la loi.

La résurrection d'entre les morts n'est pas un processus qui fait sortir les cadavres de la tombe, c'est l'élévation des mentalités du plan matériel au plan spirituel. C'est traverser le Jourdain et entrer dans la terre promise. Ce n'est que lorsqu'une personne se familiarise avec les lois gouvernant le monde spirituel qu'elle commence réellement à « vivre ». Par conséquent, ceux qui fonctionnent toujours dans le monde matériel sont « morts ». Ils n'ont pas encore connu la résurrection. « Ils ont des yeux mais ne voient pas. Ils ont des oreilles mais n'entendent pas ».

Ceux qui se sont élevés jusqu'au plan spirituel découvrent la nécessité d'abandonner de nombreuses pratiques. Dans la plupart des cas, ces pratiques quittent la personne sans difficulté. Elles se retirent de leur plein gré. Mais lorsque la personne persiste à fonctionner dans l'ancien monde, elle découvre généralement que : « Une maison divisée contre elle-même ne peut tenir debout » et doit souvent souffrir durement avant de comprendre qu'elle ne peut violer les lois spirituelles en toute impunité.

LA PHILOSOPHIE

La science physique a réduit la matière en molécules, les molécules en atomes, les atomes en énergie, et il suffisait à sir John Ambrose Fleming[56], dans une allocution devant la Royal Institution, de résoudre cette énergie en esprit. Il dit : « En dernière essence, l'énergie peut nous sembler incompréhensible, si ce n'est comme la démonstration du fonctionnement direct de ce que nous appelons l'" esprit " ou la " volonté ".

Nous découvrons dès lors que la science et la religion n'entrent pas en conflit mais bien en accord parfait. Charles Godfrey Leland[57] explique cela très clairement dans un article intitulé « World Making[58] ». Il dit : « D'abord, il y a la sagesse qui a planifié et ajusté toutes les parties de l'Univers en un tel équilibre parfait qu'il n'y a pas de friction. Et comme l'Univers est infini, la sagesse qui l'a planifié doit être infinie également.

---

56. **Sir John Ambrose Fleming** (1849-1945) était un ingénieur en électricité et un physicien anglais qui inventa de nombreux appareils, dont la première valve thermoïonique, ou tube à vide, la diode, etc.
57. **Charles Godfrey Leland** (1824-1903) était surtout connu en tant qu'humoriste et folkloriste américain. Ses écrits abordaient divers sujets. Son livre sur la puissance de la volonté explique comment il a réussi à renforcer son esprit et sa mémoire par l'autohypnose.
58. **World Making** – Fabrication du monde.

La Cause et l'Effet

« Deuxièmement, il y a une volonté qui a déterminé et prescrit les activités et les forces de l'Univers et qui les a liées à l'aide de lois inflexibles et éternelles. Et partout cette volonté omnipotente a établi les imitations et les directions des énergies et des processus, et elle a fixé leur stabilité et leur uniformité éternelle.

« Et comme l'Univers est infini, cette volonté doit être infinie.

« Et, troisièmement, il y a un pouvoir qui soutient et déplace, un pouvoir qui ne faiblit jamais, un pouvoir qui contrôle toutes les forces. Et comme l'Univers est infini, ce pouvoir doit être Infini lui aussi. Comment allons-nous dénommer cette trinité infinie : la sagesse, la volonté et le pouvoir ? La science ne connaît pas de nom plus simple pour la nommer que " Dieu ". Ce nom englobe tout. »

Nous pouvons concevoir quelque peu sa signification, même si nous ne pouvons comprendre son importance. Et cet être est en nous et est suprême. Il est imminent dans la matière comme dans l'esprit. À lui, toute loi, toute vie, toute force doit être envoyée. Il est l'esprit qui soutient, qui donne de l'énergie, qui imprègne tout dans l'Univers.

Chaque entité vivante doit être soutenue par cette intelligence omnipotente. Nous constatons que toute différence entre les formes de vie distinctes se mesure en grande partie par le degré de manifestation de cette intelligence. C'est une intelligence supérieure qui place l'animal sur une échelle d'être supérieur à la plante et l'homme au-dessus de l'animal. Nous constatons que cette intelligence accrue est à nouveau indiquée par le pouvoir qu'a l'individu de contrôler ses modes d'action et ainsi de s'adapter consciemment à son environnement. C'est cet ajustement qui occupe l'attention des plus grands esprits. Cet ajustement consiste en rien d'autre que la reconnaissance d'un ordre existant dans l'Esprit universel, car il est bien connu que cet esprit nous obéira dans la mesure exacte où nous lui obéissons d'abord.

À chaque amélioration de l'expérience et du développement correspond une amélioration de l'exercice de l'intellect, dans le champ et dans le pouvoir du ressenti, dans la capacité de choisir, dans le pouvoir de la volonté, dans toute action à exécuter, dans l'ensemble de l'autoconscience. Cela signifierait que l'autoconscience augmente, s'étend, grandit, se développe et s'élargit. Elle augmente et se développe parce que c'est une activité spirituelle. Nous multiplions notre possession des choses spirituelles proportionnellement à notre utilisation de celles-ci. Une loi diamétralement opposée gouverne l'utilisation du spirituel et du matériel.

La vie, c'est la qualité ou le principe de l'énergie universelle qui se manifeste dans les objets dits organiques sous la forme de la croissance et de l'activité volontaire et qui coexiste généralement avec la manifestation de cette même énergie universelle sous la forme d'une qualité ou d'un principe dénommé « intelligence ». Il n'y a qu'un seul principe suprême, dont la nature essentielle échappe à toute compréhension. C'est l'absolu. L'homme ne peut penser qu'en termes relatifs. Dès lors, il le définit parfois comme l'intelligence universelle, la substance universelle, comme l'éther, la vie, l'esprit, l'énergie, la vérité, l'amour, etc. À tout instant, sa définition spécifique est régie par la relation particulière qu'il accorde aux phénomènes de l'être et au principe à cet instant.

L'esprit est présent dans les formes de vie les plus inférieures, dans le protoplasme ou la cellule. Le protoplasme ou la cellule perçoit son environnement, amorce un mouvement et choisit sa nourriture. Tout ceci est la preuve de l'esprit. Lorsqu'un organisme se développe et devient plus complexe, ses cellules commencent à se spécialiser. Certaines d'entre elles font une chose et d'autres, autre chose, mais toutes font preuve d'intelligence. Par association, les pouvoirs de leur esprit augmentent.

Alors que, au commencement, chaque fonction de vie et chaque action sont le résultat de la pensée consciente, les actions habituelles deviennent automatiques ou subconscientes de manière à permettre à l'esprit autoconscient de s'occuper d'autre chose. À leur tour, les nouvelles actions deviendront habituelles, puis automatiques, puis subconscientes, afin de libérer à nouveau l'esprit de ce détail et de lui permettre d'avancer vers d'autres activités encore.

La Cause et l'Effet

Jusqu'à très récemment, il fut affirmé que la matière, dans sa nature ultime, est éternelle même si toutes ses formes changent. On nous a dit qu'un bâtiment détruit par le feu et ne laissant que quelques cendres était parti en fumée et en gaz et que seule la forme de la manifestation avait changé, que les substances essentielles existaient toujours sous des formations chimiques différentes.

On nous a dit que toutes les formes de matière existent en tant que molécules, que ces molécules peuvent être réduites en certains éléments plus petits appelés « atomes ». Jusqu'à récemment, l'atome était supposé être l'ultime particule de matière. Donc, jusqu'à récemment, les scientifiques supposaient que la matière pouvait être réduite en atomes et que cette supposition était sans appel.

Mais avec la découverte du radium, il fut découvert que l'atome est constitué d'un grand nombre de plus petites particules appelées « électrons » ou « ions », et que ces électrons varient selon le type d'atome considéré. Un atome d'hydrogène contient un nombre différent d'électrons qu'un atome d'oxygène, et ainsi de suite.

Les atomes au sein des molécules sont séparés l'un de l'autre par de très grandes distances comparées à leur diamètre. À leur tour, les électrons sont séparés les uns des autres par des distances comparées au diamètre, comme le sont les planètes dans le système solaire. Lorsque nous nous rappelons que la molécule, qui est la plus grande du groupe, est si petite qu'elle ne peut être découverte par le plus puissant des microscopes, si petite que vous pourriez en placer plusieurs millions dans un dé à coudre ordinaire, vous pouvez concevoir combien la particule ultime appelée « électron » ou « ion » est infinitésimale.

On a découvert que les atomes de radium irradient constamment leurs ions dans l'espace en produisant ce que l'on appelle de la « radioactivité », et que ces particules sont apparemment perdues. Elles s'évanouissent tout simplement.

Enfin, on a découvert que d'autres formes de matière, outre le radium, rejettent leurs ions dans l'espace et que ceux-ci semblent totalement perdus dans le processus, de sorte que des atomes de matière dépérissent constamment et que le physicien moderne ne déclare plus que la matière est indestructible. Elle est dans un état de flux constant. Elle change toujours de forme.

Quel est donc le directeur qui contrôle l'action de l'ion et qui indique la forme qu'il doit prendre? Ce directeur, c'est l'esprit, et cette forme de direction correspond au processus appelé « création ».

Il sera dès lors clairement compris que la base sur laquelle repose la matière est le mental ou l'esprit. L'esprit d'une chose est par conséquent la chose elle-même. C'est l'esprit d'une chose qui attire à elle de l'éther les électrons nécessaires à son développement, qui sont ensuite progressivement assemblés par la loi de la croissance. Il est évident dès lors que la citation de saint Paul est vraie : « Les choses visibles sont passagères, et les choses invisibles sont éternelles ».

Il y a de nombreuses années, John Bovee Dods[59] écrivait :

« Nous nous sommes élevés du plomb à l'électricité, et si lors de cette élévation nous avons découvert que chaque substance successive se meut plus facilement que celle du dessous, nous n'avons cependant pas encore trouvé une seule matière possédant l'attribut du mouvement inhérent. Le plomb, la roche, la terre et l'eau se meuvent par impulsion. L'air se meut par raréfaction, et l'électricité le fait grâce à des forces positives et négatives. Il est vrai que nous sommes montés jusqu'à l'électricité, comme il a été remarqué plus haut, mais même celle-ci ne peut se mouvoir à moins d'être déséquilibrée sur le plan de la quantité de ses forces positives et négatives.

« L'électricité est le fluide le plus inconcevablement subtil, raréfié et raffiné. Il a été calculé qu'il faut quatre millions de particules de notre air pour constituer un grain aussi grand que le plus petit grain de sable visible, et cependant l'électricité est

---

59. **John Bovee Dods** (1795-1872), philosophe, consacra sa vie à l'étude de la philosophie mentale et publia de nombreux livres dont *Trente sermons*, *Philosophie de la psychologie électrique*, *L'immortalité triomphante*, etc.

sept cent mille fois plus fine que l'air! C'est une matière presque sans particules. Et elle est non seulement invisible, mais également impondérable pour ce qu'on peut en juger.

« Elle ne peut être vue – elle ne peut être pesée! Mille bouteilles de Leyden vides, capables de contenir environ quatre litres chacune, peuvent être placées sur la balance la plus pointue et être très précisément pesées. Qu'on les remplisse ensuite d'électricité et, pour autant que la perspicacité humaine puisse le déterminer, elles ne pèseront plus rien. Ainsi, selon notre perception, quatre mille litres ne pèsent rien.

« Étant donné que, sur le plan de son mouvement, l'électricité se maintient complètement en équilibre grâce à ses forces positives et négatives qui s'égalisent l'une l'autre, nous comprenons aisément que si nous montons un degré plus haut, nous devons arriver à cette substance qui se meut par nature, et le résultat de ce mouvement est la pensée et le pouvoir. Cette substance, c'est l'ESPRIT. Ainsi donc, il sera distinctement perçu au vu de la discussion offerte ici, que nous ne pouvons accepter en tant que philosophes une absence de mouvement dans la substance la plus élevée et la plus sublime qui soit. Cette conclusion, qui résulte du débat, est absolument et positivement irrésistible et défie toute réfutation.

« Lorsque nous nous élevons dans nos considérations à travers les différents degrés de matière et que nous la voyons continuellement s'éclaircir – alors que nous poursuivons notre délicieux parcours enchanteur jusqu'à arriver à cette substance sublimée qui ne peut être ni vue ni pesée, qui se meut à la vitesse de dix-neuf millions de kilomètres à la minute et qui peut voyager autour du globe en un huitième de seconde – nous sommes frappés d'étonnement et d'admiration! Mais comme ceci ne représente pas le dernier lien dans la chaîne incommensurable, nous sommes forcés de poursuivre plus avant jusqu'à atteindre la substance la plus fine, la plus sublime et la plus brillante qui soit – une substance qui possède les attributs de l'automouvement, du mouvement inhérent et du pouvoir vivant, et dont dérivent tous les autres mouvements et pouvoirs à travers l'Univers incommensurable. Il s'agit de l'Esprit infini, qui possède la forme incarnée. C'est un être vivant. Cet Esprit infini entre en contact avec l'électricité, lui donne le mouvement, l'arme du pouvoir, et à travers ce puissant agent invisible, meut l'Univers et exécute toutes les opérations diverses de la nature.

« Ainsi, il n'est pas un mouvement produit au sein de l'immensité de son œuvre – des globes qui tournent à la feuille qui tombe – qui ne provienne de l'Esprit éternel et qui, par lui, est exécuté, grâce à l'électricité, son agent. L'Esprit est dès lors la perfection absolue de toutes les substances qui soient. Et comme il possède le grand attribut de l'automouvement, il constitue à cet égard exactement l'inverse de toutes les autres substances qui sont immobiles en soi. Le mental, ou l'esprit, dépasse tout, dispose de tout et contrôle absolument tout. Ainsi, l'Esprit est impondérable – invisible et éternel. »

LE SILENCE

Dans le silence, l'Univers fut conçu,
Dans le silence, le cœur de l'homme cherche
Cet autre cœur sur lequel se reposer; l'âme de la nature
Aspire sans cesse à étendre son calme muet
Sur ses enfants agités tandis qu'ils errent
Loin de ce lieu central qui est leur foyer.

Veux-tu voir ta mère nature face à face?
Veux-tu entendre les battements silencieux de son cœur?
Ferme les oreilles
Et fais taire tes sens; veux-tu sentir ses bras
Étreindre ton être? Tu dois t'abandonner
totalement à sa volonté
Qu'elle puisse t'enseigner la seule vérité – sois silencieux!

Sois silencieux – et du silence s'élèvera
Le souvenir des mystères oubliés.
Une paix apaisante qui descend sur ton âme
La soutiendra jusqu'en des régions indescriptibles

La Cause et l'Effet

Où tu apprendras les secrets de la terre
du vent, de la flamme et de la naissance des étoiles
alors tu connaîtras ton héritage de joie;
né sur les ailes de l'oiseau de vie,
accordé au rythme des sphères tournantes,
ressentant avec tout ce qui respire, avec tout ce qui recherche
l'union avec son prototype d'en haut,
le consolateur silencieux appelé « amour ».

– Frances Poile

LA RELIGION

La destinée est déterminée, pour les nations et pour les individus, par des facteurs et des forces réellement fondamentaux tels que l'attitude des hommes les uns vis-à-vis des autres. Les idéaux et les motifs sont plus puissants que les événements dans la formation de l'Histoire. Ce que les gens pensent des soucis constants de la vie a plus de signification que l'agitation ou les bouleversements contemporains.

Il y a quelques siècles, nous pensions devoir choisir entre la Bible et Galilée. Il y cinquante ans, nous pensions devoir choisir entre la Bible et Darwin. Mais comme William Ralph Inge[60] de la cathédrale Saint-Paul à Londres disait : « Tout homme éduqué sait que les principaux faits de l'évolution organique sont fermement établis et qu'ils sont assez différents des légendes empruntées aux Babyloniens par les anciens Hébreux. Nous ne devons pas faire violence à notre raison en rejetant les résultats assurés de la recherche moderne. La chrétienté traditionnelle doit être simplifiée et spiritualisée. Elle est en ce moment encombrée de

---

60. **William Ralph Inge** (1860-1954), l'un des érudits les plus connus qui ont étudié le néoplatonisme, est très célèbre en Angleterre. Son néoplatonisme se fonde principalement sur l'ontologie et l'épistémologie, bien qu'il y ait des thèmes sous-jacents tels que la théologie, la psychologie et l'éthique.

mauvaise science et caricaturée par une mauvaise économie, et plus nous en sommes convaincus, moins nous serons disposés à établir l'existence de notre foi sur des superstitions qui sont la religion de l'irréligieux et la science du peu scientifique. »

Le mécontentement moderne et les conditions insatisfaisantes sont les symptômes d'une maladie profondément ancrée et destructrice. Les remèdes appliqués à ces symptômes sous la force de la législation et de la suppression peuvent soulager les symptômes, mais ils ne guérissent pas la maladie qui se manifestera sous d'autres symptômes pires. Les pièces appliquées à un vieux vêtement obsolescent et pourri n'améliorent en rien le vêtement. Des mesures constructives doivent être appliquées aux fondations de notre civilisation, c'est-à-dire à notre pensée.

Une philosophie de vie reposant sur l'optimisme aveugle, une religion qui ne fonctionne pas sept jours sur sept ou une proposition qui n'est pas pratique n'attire pas du tout l'intelligent. Ce sont des résultats que nous voulons et par rapport à tout cela l'épreuve décisive se formule comme ceci : cela va-t-il fonctionner ?

Les impossibilités apparentes nous aident précisément à réaliser le possible. Nous devons parcourir les sentiers non battus de la pensée, traverser le désert de l'ignorance, barboter à travers le « marais de la superstition » et escalader les montagnes des rites et des cérémonies si nous voulons un jour espérer entrer dans « la terre promise de la révélation ». L'intelligence règne ! La pensée intelligemment dirigée est une force créatrice qui permet à un objet de se manifester automatiquement sur un plan matériel. Que celui qui a des oreilles pour entendre, entende !

L'un des signes caractéristiques d'un éveil général, c'est l'optimisme qui brille à travers la brume du doute et de l'agitation. Cet optimisme prend la forme de l'illumination, et lorsque l'illumination devient générale, la peur, la colère, le doute, l'égoïsme et la cupidité s'éteignent. Nous anticipons une réalisation plus générale de la vérité qui doit rendre l'homme libre. Il est peu probable qu'un homme, ou une femme, réalise le premier cette vérité dans la nouvelle ère, mais il est évident qu'un éveil plus général à la lumière de l'illumination se manifeste.

La religion

Tout ce que nous entretenons dans notre conscience pendant un certain temps est imprimé sur le subconscient et se transforme en un schéma que l'énergie créatrice va tisser dans notre vie et dans notre environnement. Tel est le secret du pouvoir de la prière.

Le fonctionnement de cette loi était connu d'une minorité en tout temps, mais rien n'était plus improbable que la révélation non autorisée de ces informations par l'un des étudiants des grandes écoles ésotériques de philosophie. En effet, ceux qui gouvernaient avaient peur qu'un esprit public pris au dépourvu ne soit pas prêt à utiliser correctement le pouvoir extraordinaire que l'application de ces principes révélait.

Nous savons que l'Univers est régi par la loi, que pour chaque effet, il doit y avoir une cause, et que la même cause, dans les mêmes conditions, produira invariablement le même effet. En conséquence, si la prière a obtenu des réponses, elle en recevra toujours lorsque les conditions appropriées sont observées. Cela doit nécessairement être vrai sinon l'Univers serait un chaos plutôt qu'un cosmos. La réponse à la prière est dès lors soumise à la loi qui est définie, exacte et scientifique tout comme le sont les lois régissant la gravitation et l'électricité. La compréhension de cette loi fait sortir le fondement du christianisme du royaume de la superstition et de la crédulité et le place sur le rocher solide de la compréhension scientifique.

Le principe créateur de l'Univers ne fait aucune exception. Et il n'agit pas par simple caprice ou sous l'effet de la colère, de la jalousie ou du courroux. Il ne peut pas non plus être flatté, cajolé ou ému par la sympathie ou toute demande. Mais, lorsque nous comprendrons notre unité avec ce principe universel, nous donnerons l'impression d'être favorisés parce que nous aurons trouvé la source de toute sagesse et de tout pouvoir.

Il doit être concédé par toute personne pensante que la réponse à la prière fournit la preuve d'une intelligence omnipotente et pénétrante, qui est imminente en toutes choses et en toutes personnes. Nous avons personnalisé cette intelligence omniprésente et l'appelons « Dieu », mais l'idée de la personnalité s'est associée à la forme et la forme est un produit de la matière. L'intelligence ou l'esprit éternellement présent doit être le Créateur de toute forme, le directeur de toute énergie, la source de toute sagesse.

Afin d'obtenir la meilleure pensée du monde sur la valeur de la prière on a déjà offert une récompense de cent dollars au meilleur essai rédigé sur « la prière » : la signification, la réalité et le pouvoir de la prière, sa place et sa valeur pour l'individu, pour l'Église et pour l'État, dans les affaires journalières de la vie, dans la guérison de la maladie, en temps de détresse et de danger national, et concernant les idéaux nationaux et le progrès mondial.

En réponse à cette invitation, 1667 essais furent reçus. Ils venaient de tous les coins du globe et étaient écrits en dix-neuf langues différentes. La récompense de cent dollars fut accordée au révérend Samuel McComb, de Baltimore. Une étude comparative de ces essais est éditée par la Macmillan Company de New York. En donnant ses impressions, sir David Russell[61] de la Walker Trust dit : « Pour pratiquement tous les participants, la prière est quelque chose de réel et d'une valeur inestimable, mais malheureusement peu d'informations sont offertes concernant la méthode suivie pour faire fonctionner la loi. » Russell lui-même convient que la réponse à la prière doit être l'opération d'une loi naturelle. Il dit : « Nous savons que pour utiliser une loi naturelle, l'intelligence doit être capable de comprendre ses conditions et de diriger ou de contrôler ses séquences. Pouvons-nous douter que soit révélé un domaine de loi spirituelle à une intelligence suffisamment grande pour englober l'esprit ? » Il semble que nous commencions à atteindre rapidement la compréhension de cette loi, et comprendre, c'est contrôler.

---

61. **Sir David Russell** (1872-1956) fut le moteur de l'expansion et de l'évolution de la société de son père la Tullis Russell and Company, au milieu des années 20. Une grande partie de l'aide financière fournie par Russell était apportée par les nombreuses fiducies dans lesquels Russell était impliqué ou qu'il avait lui-même fondées. Celles-ci incluaient les fiducies personnelles et familiales, comme la Walker Trust.

La religion

La valeur de la prière dépend de la loi de l'activité spirituelle. L'Esprit est le principe créateur de l'Univers et est omnipotent, omniscient et omniprésent. Penser est une activité spirituelle et est la réaction de l'individu par rapport à l'Esprit universel. « Je pense donc je suis ». Lorsque « je cesse de penser, je cesse d'exister ». Penser est la seule activité que possède l'esprit. L'esprit est créateur, par conséquent, penser est un processus créateur. Mais, comme la majeure partie de nos processus de pensée est subjective plutôt qu'objective, la plupart de notre œuvre créatrice est réalisée subjectivement. Si ce travail est un travail spirituel, il n'en reste pas moins réel. Nous savons que toutes les grandes forces éternelles de la nature sont invisibles et non visibles, spirituelles et non matérielles, subjectives et non objectives.

Mais étant donné que penser est un processus créateur, la plupart d'entre nous pensent à la mort plutôt qu'à la vie. Nous pensons au manque plutôt qu'à l'abondance. Nous pensons à la maladie plutôt qu'à la santé. Nous pensons à la disharmonie plutôt qu'à l'harmonie. Et nos expériences et les expériences de ceux qui nous sont chers reflètent en fin de compte l'attitude d'esprit que nous entretenons habituellement, car il est bien connu que si nous pouvons prier pour ceux que nous aimons, nous pouvons également leur faire du mal en entretenant et en abritant des pensées destructrices à leur égard. Nous sommes des agents oraux libres et nous pouvons choisir librement ce que nous pensons, mais le résultat de notre pensée est gouverné par une loi immuable. C'est la phraséologie scientifique moderne de l'énoncé scriptural qui dit : « Ne vous y trompez pas : on ne se moque pas de Dieu. Vous récolterez ce que vous semez. »

La prière, c'est la pensée énoncée sous la forme d'une demande, et une affirmation est un énoncé de la vérité, et lorsqu'elle est renforcée par la foi, autre puissante forme de pensée, elles deviennent invincibles parce que « la foi, c'est l'argument des choses invisibles et la substance des choses espérées ». Cette substance est une substance spirituelle qui contient en elle-même le Créateur et le Créé, le germe, l'Élohim, ce qui pénètre dans son objet, paraît et devient un avec lui.

La Cause et l'Effet

Mais les prières et les affirmations ne sont pas les seules formes de pensées créatrices. L'architecte, lorsqu'il planifie d'ériger un magnifique nouveau bâtiment, recherche le calme de son atelier, en appelle à son imagination pour trouver des caractéristiques nouvelles ou originales qui expriment un confort ou une utilité supplémentaire et est rarement déçu des résultats.

L'ingénieur, qui conçoit d'enjamber un gouffre ou un fleuve, visualise la structure tout entière avant de tenter de l'exprimer dans une forme. Cette visualisation est l'image mentale qui précède et prédétermine le caractère de la structure qui prendra finalement forme dans le monde objectif.

Le chimiste recherche le calme de son laboratoire, puis devient réceptif aux idées dont le monde va finalement profiter sous la forme d'un nouvel élément de confort ou de luxe.

Le financier se retire dans son bureau ou dans sa salle de comptage et se concentre sur un problème d'organisation ou de finance, et bientôt le monde prend connaissance d'une autre coordination d'industrie qui requiert des millions de capitaux supplémentaires.

L'imagination, la visualisation et la concentration sont toutes des facultés spirituelles et sont toutes créatrices, parce que l'esprit est l'unique principe créateur de l'Univers. Quiconque a trouvé le secret du pouvoir créateur de l'esprit a trouvé le secret de tous les temps. Telle est la loi énoncée en termes scientifiques : « la pensée va se corréler avec son objet ». Malheureusement, la grande majorité des gens permet à ses pensées de s'appesantir sur le manque, la limitation, la pauvreté et toute autre forme de pensée destructrice, et comme tous les hommes sont égaux devant la loi, ces choses s'objectivent dans leur environnement.

Enfin, il y a l'amour, qui est également une forme de pensée. L'amour n'est rien de matériel et cependant personne ne niera que c'est quelque chose de très réel. Saint Jean nous dit que « Dieu est amour ». À nouveau, il dit : « Sommes-nous tous fils de Dieu? », ce qui signifie que l'amour est le principe créateur de l'Univers. Et saint Paul nous dit : « En lui, nous vivons, nous nous mouvons et avons notre être ».

La religion

L'amour est un produit des émotions. Les émotions sont gouvernées par le plexus solaire et le système nerveux sympathique. Il s'agit par conséquent d'une activité subconsciente entièrement sous le contrôle du système involontaire des nerfs. Pour cette raison, l'amour est fréquemment animé par des motifs qui ne sont ni dictés par la raison ni par l'intellect. Chaque démagogue politique et chaque revivaliste religieux tire parti de ce principe. Ils savent que s'ils peuvent éveiller les émotions, le résultat est assuré. Ainsi, le démagogue en appelle toujours aux passions et aux préjudices de son public et jamais à la raison. Le revivaliste fait toujours appel aux émotions par la nature de l'amour, et jamais à l'intellect. Tous deux savent que lorsque les émotions sont éveillées, l'intellect et la raison en sont réduits au silence.

Nous découvrons ici que le même résultat est obtenu par des polarités opposées : l'une appelant à la haine, à la vengeance, aux préjudices de classe et à la jalousie, et l'autre faisant appel à l'amour, au service, à l'espoir et à la joie. Mais le principe est le même. L'une attire, l'autre repousse. L'une est constructrice, l'autre est destructrice. L'une est positive, l'autre est négative. Le même pouvoir est mis en opération de la même manière mais dans des buts différents. L'amour et la haine sont des polarités opposées de la même force, tout comme l'électricité ou toute autre force peut être utilisée à des fins destructrices ou constructrices.

Certains vont dire que si Dieu est esprit et s'il est omnipotent et omniprésent, comment peut-il être responsable des conditions destructrices. Il ne peut occasionner le désastre, le manque, la maladie et la mort. Certainement pas, mais nous pouvons attirer ces choses sur nous par la non-observation des lois spirituelles. Si nous ne savons pas que la pensée est créatrice, nous pouvons entretenir des pensées de désharmonie, de manque et de maladie, ce qui engendrera finalement la condition dont ces pensées sont des formes de graines. En comprenant la loi, nous pouvons inverser le processus et provoquer un résultat différent. Le bien et le mal sont considérés comme des termes relatifs qui indiquent le résultat de nos pensées et de nos actions. Si nous entretenons des pensées constructives uniquement, le résultat sera à notre avantage personnel et à l'avantage d'autrui. Cet avantage, nous l'appelons le « bien ». Si par contre nous entretenons des pensées destructrices, elles se traduiront par de la disharmonie pour nous-mêmes et autrui. Cette disharmonie, nous l'appelons le « mal ». Mais le pouvoir est le même dans les deux événements. Il n'y a qu'une seule source de pouvoir, et nous pouvons utiliser ce pouvoir pour le bien ou pour le mal, tout comme nous pouvons utiliser l'électricité pour la lumière, la chaleur ou la puissance en comprenant les lois qui gouvernent l'électricité. Mais si nous sommes imprudents ou ignorants des lois qui gouvernent l'électricité, le résultat peut être désastreux. Le pouvoir n'est pas bon dans un cas et mauvais dans l'autre. Le bien et le mal dépendent de notre respect ou non de la loi.

Plusieurs vont demander : Comment cette pensée s'accorde-t-elle aux Écritures ? » Des millions de bibles se vendent chaque année, et chaque découverte en chimie, en science ou en philosophie doit être en accord avec la vérité vitale de la pensée religieuse.

Quelle fut dès lors la pensée du maître concernant le Créateur ? On se souviendra que la question lui fut posée par un juriste : « Bon maître, que dois-je faire pour avoir en héritage la vie éternelle ? » A-t-il éludé la question ? A-t-il cité une ancienne source ? A-t-il recommandé un credo ou un dogme théologique ? Pas du tout. Sa réponse fut directe et précise : « Tu aimeras le Seigneur ton Dieu de tout ton cœur, de toute ton âme et de tout ton esprit... et tu aimeras ton prochain comme toi-même. »

Où est ce Dieu que le juriste doit aimer ? Jésus s'y réfère comme au Père et lorsqu'on lui demande des informations à son sujet, il dit : « Celui qui m'a vu a vu le Père. » À nouveau « Le Père et moi sommes un. » Ou encore : « Cela ne vient pas de moi. C'est plutôt le Père, vivant en moi, qui effectue ce travail. » Il dit à ses disciples de prier « notre Père qui est aux cieux », et lorsqu'on lui demanda de localiser les cieux, il dit : « On ne dira point qu'il est ici ou qu'il est là. Car, le royaume des cieux est en vous. » C'est ici donc que réside la source de l'immanence du Créateur, du Père, du maître physicien lui-même. Nous découvrons ainsi que la science et la religion ne sont pas en conflit, et qu'au sein de l'Église et en dehors de celle-ci, il y a une mise de côté des crédos traditionnels et un retour aux enseignements et aux affirmations du Grand Professeur.

L'Ancien Testament a beaucoup à dire concernant le Dieu de Jacob et de Moïse, mais cette conception d'un Dieu anthropomorphique n'est fondamentalement intéressante que pour indiquer la pensée d'un peuple qui croyait que le monde était plat, que le soleil bougeait, que la science n'était que magie et la religion, le dogme des scholastiques.

Tel fut le résultat de la méthode déductive du raisonnement qui découla de certaines formulations de faits universels et absolus et impossibles à vérifier : tous les autres faits doivent être atteints par un processus de déduction à partir de ces axiomes généraux. Si certains faits observés semblaient contredire les déductions à l'origine de la formulation de ces axiomes, tant pis pour les faits. Ce ne pouvait être des faits. Les faits ne sont rien comparés aux « formulations de vérité » fournies par les scholastiques. Si certains persistaient à ne pas accueillir ces faits, il y avait la ciguë ou le bûcher ou la croix.

Mais, dans le Nouveau Testament, tout ceci est inversé. La doctrine de l'immanence de Dieu est enseignée. Un Dieu objectif est converti en un Dieu subjectif. On nous dit que « en lui nous vivons et nous mouvons et avons notre être ». On nous dit que « le royaume de Dieu est en nous ». Et on nous amène à conclure que Dieu est toujours dans le « royaume ».

À ce sujet, il est intéressant de noter que la collection diverse des manuscrits qui ont finalement été rassemblés et appelés « Bible » fut écrite par de nombreuses personnes différentes et à des moments largement différents. Tout d'abord, ces manuscrits furent propagés séparément. Plus tard, ils furent rassemblés en un seul volume et pendant longtemps de sérieuses discussions ont existé entre les anciens Juifs et les premiers ecclésiastiques de l'Église concernant les manuscrits qui devaient ou non avoir une place dans le livre sacré. En fait, jusqu'à il y a peu, bon nombre de manuscrits y étaient inclus, que nous ne trouvons plus dans la Bible telle qu'elle est reconnue par l'Église protestante d'aujourd'hui.

Les manuscrits composant l'Ancien Testament furent écrits en hébreu à l'origine, et ceux du Nouveau Testament, en grec. Et pas un seul manuscrit original des deux livres de l'Ancien ou du Nouveau Testament n'existe aujourd'hui. Ils n'existent plus depuis des centaines d'années. Par conséquent, nous n'avons que des copies de copies de copies de nombreuses fois retirées de l'original.

Lorsque nous nous souvenons que ceux qui ont entrepris de traduire ces manuscrits en langue anglaise dans le but de les transmettre au public firent face à une violente opposition et furent fréquemment expulsés du pays et excommuniés de l'Église, nous comprenons le peu d'uniformité existant dans les diverses traductions de ces manuscrits maintenant appelés la « Bible » ou le « Verbe de Dieu ».

L'édition du roi Jacques[62], devenue populaire auprès du peuple, fut l'œuvre de 54 hommes d'Église qui convinrent entre eux que toutes les différences d'opinion devaient être réglées lors de réunions spéciales et ponctuelles et que toutes les notes marginales concernant le texte grec ou hébreu devaient être éliminées. Le fait que cette édition fut sanctionnée par le roi fut probablement le facteur déterminant qui joua en faveur de son adoption générale. Mis à part cela, cette œuvre fut tenue en haute estime par les scholastiques à cause de l'harmonie et de la beauté de la diction, les hommes d'Église chargés de sa révision sacrifiant de toute évidence la précision au profit de l'euphonie et de la rhétorique.

Et maintenant, nous possédons une Bible strictement « américaine », œuvre de l'American Revision Committee[63], dans laquelle la fameuse définition de la foi par saint Paul : « Mainte-

---

62. En anglais : King James Version
63. Le comité de révision américain.

nant, la foi est la substance des choses espérées, la preuve des choses invisibles », est transformée en, « Maintenant, la foi est l'assurance des choses espérées, une conviction des choses invisibles », dont il apparaît que Paul n'avait pas la perspicacité, la vision, l'intuition dont il a été crédité, la dernière traduction annulant et détruisant complètement ce qui constituait jusqu'ici la plus merveilleuse définition de la foi jamais donnée au monde.

Vous percevrez aisément que le nazaréen a complètement inversé le processus de pensée en vogue à cette époque. Plutôt que d'utiliser le mode de pensée déductif, il utilisait l'inductif. Il n'acceptait aucune autorité, aucun dogme, aucun crédo. Plutôt que de raisonner du perçu vers l'inaperçu, du visible vers l'invisible, des choses temporelles vers les choses éternelles, il inversa complètement ce processus. Et lorsque l'idée de ce Dieu immanent saisit l'homme, alors qu'il commençait à comprendre le sens de « il est plus proche que le souffle, plus proche que les mains et les pieds », progressivement se produisit un éveil qui marque la naissance d'une splendeur jamais connue auparavant.

Si le mode de raisonnement inductif l'emporte en religion, nous devrions constater que toutes les religions coopèrent dans le but d'apporter la « paix sur terre aux hommes de bonne volonté ». Nous devrions constater que chaque école de théologie coopère avec chacune des autres écoles dans le but de répandre les « annonces de grande joie » en parlant d'un Rédempteur qui est venu « pour qu'ils aient la vie et qu'ils l'aient en abondance » et que cette vie abondante peut être obtenue en cherchant à l'intérieur plutôt qu'à l'extérieur. Que la paix objective est le résultat de la paix subjective, que l'harmonie à l'extérieur est la conséquence naturelle de l'harmonie intérieure, que « les hommes ne cueillent pas les raisins sur les épines, ou les figues sur les chardons » et que le caractère d'un homme est la manifestation de la valeur de sa religion, « car vous les reconnaîtrez à leurs fruits ». Une telle religion satisfait le cerveau autant que le cœur. La religion, c'est aimer la justice, espérer le bien, aimer l'indulgence, oublier les torts et se souvenir des bienfaits, aimer la vérité, être sincère, aimer la liberté, cultiver l'esprit, bien connaître les pensées élevées que le génie a exprimées, les nobles actions du monde entier, cultiver le courage et la gaieté. Rendre les autres heureux, recevoir de nouvelles vérités avec joie, cultiver l'espoir, voir le calme au-delà de la tempête, l'aube au-delà de la nuit. Telle est la religion de la raison, le crédo de la science.

FIN

ANNEXE

Plan d'action

« *Lorsque le pouvoir créateur de la pensée sera entièrement compris, ses effets sembleront merveilleux. Mais de tels résultats ne peuvent être obtenus sans application, diligence et concentration appropriées. Les lois régissant le monde mental et spirituel sont tout aussi fixes et infaillibles que celles du monde matériel. Pour obtenir les résultats désirés, il est nécessaire de connaître la loi et de s'y conformer. Une conformité adéquate à la loi produira le résultat désiré avec une exactitude invariable.* »

Maintenant que vous savez comment et avec quelle puissance votre esprit modifie les conditions matérielles de votre expérience de vie, choisissez de devenir maître de votre destinée.

Poursuivez encore et encore la lecture de ces pages, et pratiquez à votre rythme les exercices proposés au fil des différents chapitres.

Voici un plan simple et puissant qui vous aidera à tirer le meilleur parti du livre *La Cause et l'Effet*. Ce plan repose sur mon expérience personnelle, car c'est ainsi que j'étudie et que j'applique cet enseignement dans ma propre vie.

La Cause et l'Effet

Prévoyez une période de vingt minutes *chaque* jour, que vous dédierez à l'étude et à l'application des principes d'un chapitre de *La Cause et l'Effet*. De ce fait, vous intégrerez et maîtriserez intégralement chaque chapitre avant de passer au suivant. C'est une réelle motivation!

1. Lisez le chapitre auquel vous êtes rendu dans votre lecture.

2. Exécutez soigneusement l'exercice proposé. Si le chapitre ne propose pas d'exercice, voyez quel passage (d'une ou deux phrases) résonne en vous au moment où vous parcourez le chapitre. Notez ce passage sur un bloc-notes et laissez-le mûrir en vous.

3. RESSENTEZ profondément la JOIE d'obtenir clarté et maîtrise à ce sujet, et soyez-en reconnaissant.

4. Tout au long de la journée, dirigez constamment votre attention sur des pensées qui vous font du bien. Si vous vous sentez stressé, déprimé ou mal à l'aise, reportez immédiatement votre pensée vers l'exercice proposé ou le passage choisi.

5. Et, surtout, APPRÉCIEZ constamment ce que vous avez et ce qui vous arrive!

BIBLIOGRAPHIE

Autres livres et livres électroniques écrits par Marcelle della Faille :

- **LE SECRET DE LA LOI D'ATTRACTION**
  Comment créer délibérément sa vie en 30 jours

  Voici le premier livre francophone décrivant la loi d'attraction et expliquant comment l'appliquer dans votre vie pour attirer TOUT ce que vous voulez! Aux Éditions Le Dauphin Blanc, avril 2007, également en format livre électronique.

  « En concentrant notre pensée sur un désir, nous lançons un message à l'Univers. L'Univers reçoit ce message et y répond instantanément. Il n'y a aucun doute à cela. En ressentant dans nos moindres cellules ce désir, nous imprimons notre pensée sur la substance informe qui baigne l'Univers, et cette substance met instantanément en mouvement les processus de manifestation et de création. »

- **MANUEL PRATIQUE DU SECRET DE LA LOI D'ATTRACTION**

    Journal pratique pour changer sa vie en 30 jours

    Manuel, et bloc-notes, très pratique de transformation par l'utilisation consciente de la loi d'attraction pendant 30 jours, rédigé pou les personnes qui souhaitent prendre des notes sur un support écrit afin d'avancer certainement et régulièrement vers l'abondance Il complète le livre *Le secret de la loi d'attraction – Comment créer délibérément sa vie en 30 jours*, qui décrit en détail la théorie soutenant et expliquant ces pratiques. Aux Éditions Le Dauphin Blanc, avril 2008.

- **LE MANUEL DE L'ABONDANCE**

    Comment attirer délibérément l'abondance dans votre vie et créer la vie de vos rêves, aisément et facilement? Ce manuel vous en donne les moyens! Sur le site http://loi-d-attraction.com, avril 2008, également en format livre électronique.

    « L'une des plus importantes distinctions que vous puissiez faire, c'est que l'argent est uniquement le " symbole " d'une valeur. Il existe bien d'autres types de " valeurs " que l'argent, que vous pouvez échanger afin d'obtenir ce que vous désirez dans votre vie (le temps, la connaissance, l'expérience, etc.). »

Œuvres pour enfants offertes sur le site http://loi-d-attraction.com :

- **LA QUÊTE DE SAM KUKAÏ, LE GARDIEN DE LA SAGESSE**

    Aux Éditions de la Loi d'Attraction, 2008, également en format livre électronique.

Bibliographie

- **LA QUÊTE DE SAM KUKAÏ, L'ÉPÉE DE VÉRITÉ**
  Aux Éditions de la Loi d'Attraction, 2008, également en format livre électronique.

Livres et livres électroniques traduits par Marcelle della Faille :

- *La Science de l'Enrichissement*, profonde sagesse et programme d'enrichissement d'une œuvre puissante datant de 1910 – Traduction de *The Science of Getting Rich* de Wallace D. Wattles, aux Éditions Le Dauphin Blanc, 2006, également en format livre électronique.

  « Tout le monde peut former des choses dans sa pensée, et, en imprimant sa pensée sur la substance informe, provoquer la création de ce à quoi il pense. »

- *La Science de la Santé*, Deuxième partie de l'œuvre classique de Wallace D. Wattles écrite en 1911 – Traduction de *The Science of Being Well* de Wallace D. Wattles, aux Éditions de la Loi d'Attraction, 2007, également sous format de livre électronique.

  « La santé résulte d'une certaine manière de penser et d'agir. La personne malade qui commence à penser et à agir de cette manière stimulera l'activité constructive du principe de la santé en elle, qui guérira tous ses maux... Par conséquent, tout homme peut acquérir la santé parfaite. »

- *La Science de la Grandeur*, troisième partie de l'œuvre classique de Wallace D. Wattles écrite en 1911 – Traduction de *The Science of Being Great* de Wallace D. Wattles, aux Éditions de la Loi d'Attraction, 2007, http://loi-d-attraction.com, également en format livre électronique.

- ***La Clé de la Maîtrise***, première édition francophone de cette œuvre classique éternelle sur la santé, la fortune et le succès – Traduction de *The Master Key System* de Charles F. Haanel, aux Éditions Le Dauphin Blanc, 2007.

- ***Votre Pouvoir Infini***, première édition francophone de cette œuvre classique – Traduction de *Your Invisible Power* de Geneviève Behrend, aux Éditions Le Dauphin Blanc, 2008.

À propos de la traductrice

Marcelle della Faille, auteure, coach et traductrice de livres de développement personnel et de sensibilisation à votre vraie nature, vous propose de découvrir ou de redécouvrir les principes de la nouvelle pensée et de la loi d'attraction. Grâce aux livres qu'elle a écrits ou spontanément traduits et réédités, elle partage avec vous de très anciens secrets de manière à vous permettre à VOUS aussi d'ACCÉDER À L'ABONDANCE ET AU BIEN-ÊTRE dans votre vie!

http://loi-d-attraction.com